FALTPLAN

»Schreiben Sie uns!

Wir hoffen, dass Ihnen dieser Reiseführer gefällt und er Ihnen ein guter Begleiter auf einer außergewöhnlichen und spannenden Reise ist.

Weil ein Reiseführer von Erfahrungen lebt, sind wir an Ihren Erlebnissen interessiert: Haben Sie im Buch ein Restaurant entdeckt, das es nicht mehr gibt, eine Sehenswürdigkeit, die wir noch nicht aufgeführt haben, oder eine falsche Adresse? Dann schreiben Sie uns!

Wir nehmen jeden Hinweis und jede Kritik ernst und arbeiten kontinuierlich daran, die Bücher aktuell zu halten und immer weiter zu verbessern. Auch wenn wir nicht jeden Wunsch erfüllen können, machen wir uns immer Gedanken über Ihre Anmerkungen.

Schreiben Sie an: info@reise-know-how.de oder Reise Know-How Verlag Peter Rump GmbH, Postfach 140666, 33626 Bielefeld

Wenn sich Ihre Infos direkt auf das Buch beziehen, bitten wir um die Angabe der Seitenzahl und der Auflagennummer bzw. des Erscheinungsjahres. Besonders hilfreiche Beiträge belohnen wir mit einem Sprachführer Ihrer Wahl aus unserer „Kauderwelsch"-Reihe.

Herzlichen Dank und gute Reisen
Ihr Reise Know-How Verlag

Diesem Buch wurde hier ein herausnehmbarer Faltplan beigefügt.
Sollte er beim Erwerb des Buches nicht mehr vorhanden sein, fragen Sie bitte bei Ihrem Buchhändler nach.

Liebe Leserin, lieber Leser,

ein unabhängiger Verlag für unabhängig Reisende – das sind wir, der Reise Know-How Verlag aus Bielefeld, eines der letzten Familienunternehmen in der Branche. Obwohl wir zu den größten Reiseführerverlagen Deutschlands gehören, ist der familiäre Umgang miteinander in allen Bereichen des Verlagslebens zu spüren: In der Geschäftsführung in zweiter Generation, in einer wertschätzenden Arbeitsatmosphäre, in der Nähe zu unseren frei arbeitenden Autorinnen und Autoren, im engen Austausch mit unseren Leserinnen und Lesern – und auch in der Zusammenarbeit mit Druckereien in Deutschland, in denen wir ausschließlich und regional unsere Bücher produzieren. Die sollen schließlich erst mit Ihnen auf große Reise gehen.

Alles, was wir in unsere Bücher und Landkarten stecken, soll Ihnen eines ermöglichen: Auf Ihre ganz eigene, individuelle Weise die Welt zu entdecken. Wir wünschen Ihnen viel Freude und unvergessliche Erlebnisse mit diesem Reiseführer.

Es grüßen herzlich
Peter Rump & Wayan Rump

Bern – die etwas andere Hauptstadt

Stellen Sie sich eine Hauptstadt vor, in der niemand (wirklich niemand!) dem Bus hinterherläuft, auf deren Straßen keiner hupt, in der man prominente Politiker im Supermarkt trifft und die von großspurigen Bauprojekten weitgehend verschont bleibt. Eine Stadt, deren Bewohner auch mal von Größerem träumen: von Berliner Coolness, römischer Lässigkeit, Pariser Lebensart. Und die sich dennoch nicht vorstellen können, allzu lange von hier wegzubleiben. Gibt's nicht? Doch – diese Stadt heißt Bern, und sie ist für mich eine der ungewöhnlichsten und spannendsten Ziele für eine Städtereise in Europa.

Klar, wer hier brandheiße Trends oder großstädtische Dynamik sucht, wird wohl nur schwer fündig werden. In Bern ist beinahe alles so, wie es schon immer war, und fernab jeder Nostalgie sind die Berner eigentlich ziemlich zufrieden damit. Das bedeutet aber nicht, dass es in dieser zu Unrecht als langweiliges Beamtennest verschrienen Stadt keine kreativen Köpfe gibt, im Gegenteil: Bern ist die Heimat von Kulturinstitutionen von Weltrang wie etwa dem Zentrum Paul Klee 19 oder dem Kunstmuseum (s. S. 60). An vielen Ecken der Stadt sprießen kleine, aber feine Projekte: Freie Theater wie das Tojo (s. S. 78) oder das Schlachthaus (s. S. 77) zeigen Aufführungen abseits des Mainstream, inhabergeführte Fachgeschäfte wie die Sattlerei Fiona Losinger (s. S. 86) oder die bereits in sechster Generation von der Familie betriebene Messerschmiede Klötzli (s. S. 86) bieten ein besonderes Einkaufserlebnis.

Der gemeinsame Nenner sind die wohl klassischsten Berner Tugenden: eine gewisse Eigenwilligkeit sowie der Anspruch, Gegenwart und Tradition auf spielerische Weise immer wieder neu miteinander zu verbinden. Vorhang auf für diesen aufregenden Mikrokosmos jenseits aller Schweizer Klischees!

Der Autor

Nie hätte der Autor dieses Buchs, **Gergely Kispál**, gedacht, dass er eines Tages einen Reiseführer über diese seltsame und wunderbare Stadt schreiben würde, als es ihn – jung, ambitioniert und stets auf dem Sprung – eher zufällig zum Studium nach Bern verschlug. Denn im Gegensatz zu ihm selbst erschien ihm die Stadt alt, behäbig und in sich ruhend – nicht gerade der Ort, an dem ein Zwanzigjähriger die Welt aus ihren Angeln hebt. Es brauchte eine ganze Weile, bis er warm wurde mit den düster-geheimnisvollen Altstadtgassen, der geerdeten Lebensart und der alles durchdringenden, langsamen Gelassenheit der Berner. Inzwischen weiß er diese Dinge sehr zu schätzen und kehrt immer wieder gerne zum Entschleunigen und Auftanken in die Schweizer Bundesstadt zurück.

080be-gk

Bern auf einen Blick

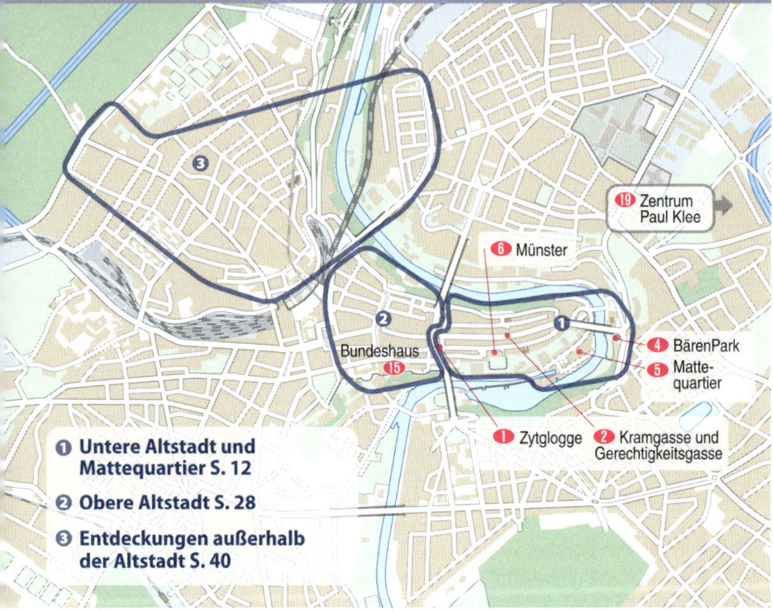

Inhalt

Cleveres Nummernsystem
Die Sehenswürdigkeiten sind im Text und im Kartenmaterial mit derselben **magentafarbenen ovalen Nummer** ① markiert. Alle anderen Lokalitäten wie Geschäfte, Restaurants usw. tragen ein **Symbol und eine fortlaufende rote Nummer** (**1**). Die Liste aller Orte und die Zeichenerklärung befinden sich im Anhang.

ꕥ Der Schmetterling ...
... zeigt an, wo man Angebote im Bereich des nachhaltigen Tourismus findet.

Bewertung der Sehenswürdigkeiten
★★★ nicht verpassen
★★ besonders sehenswert
★ wichtig für speziell interessierte Besucher

Planquadrat im Kartenmaterial
[A1] Orte ohne diese Angabe liegen außerhalb unserer Karten. Ihre Lage kann aber wie die aller Ortsmarken mithilfe der begleitenden Web-App angezeigt werden (s. Anhang).

Vorwahlen

Die Telefonnummern sind in diesem Buch immer entsprechend mit Vorwahl angegeben. Man muss diese immer mitwählen, selbst dann, wenn man innerhalb von Bern eine lokale Festnetznummer anrufen möchte.

Updates zum Buch

www.reise-know-how.de/citytrip/bern23

Der Gerechtigkeitsbrunnen in der gleichnamigen Gasse (s. S. 16, Abb.: 081be-bt)

NICHT VERPASSEN!

1 Zytglogge [F5]
Der alte Uhrturm ist Berns Wahrzeichen und Treffpunkt Nummer eins. Das Glockenspiel aus dem 16. Jh. sorgt nicht nur für die Mitteilung der genauen Uhrzeit, sondern mit seinen lustigen Figuren auch für Erheiterung (s. S. 13).

2 Kramgasse/Gerechtigkeitsgasse [G5]
Die Gasse bildet das Rückgrat der Altstadt. Hier fühlt man sich in die Zeit der reichen Patrizier und gewitzten Handwerker des 17./18. Jahrhunderts versetzt (s. S. 15).

4 BärenPark [H5]
Seit Jahrhunderten werden im Stadtzentrum Bären gehalten und seit einigen Jahren haben sie endlich auch eine Behausung, die ihrem Status als Wappentier gerecht wird. Am steilen Aarehang dürfen die Tiere nach Herzenslust toben und sogar im Fluss schwimmen (s. S. 19).

5 Mattequartier [G5]
Im ehemaligen Hafen- und Rotlichtviertel, wo sich sogar Casanova einst vergnügte und zwielichtige Gestalten sich in einer eigenen Geheimsprache unterhielten (s. S. 22), geht es heute gemütlich und stimmungsvoll zu (s. S. 20).

6 Münster [F5]
Mit seinem weithin sichtbaren Turm überragt das Berner Münster die gesamte Altstadt. Überragend sind auch das großartige Relief über dem Hauptportal und der Rundblick vom Turm (s. S. 23).

15 Bundeshaus [E5]
Nüchterne Politik im Palast – im und am Bundeshaus zeigt sich die Schweiz zumindest architektonisch von einer ungewöhnlich protzigen Seite (s. S. 34).

19 Zentrum Paul Klee [eh]
Das Zentrum stellt die weltweit bedeutendste Sammlung von Werken des expressionistischen Malers dar. Das Gebäude ist zudem ein echtes architektonisches Highlight (s. S. 42).

BERN ENTDECKEN

003be-gk

Willkommen in Bern

Das Herz Berns bildet die komplett erhaltene historische **Altstadt**, die zum UNESCO-Welterbe gehört und in ihrer Geschlossenheit einzigartig ist. Aufgrund der geringen Größe und der leichten Orientierung in den parallel angelegten Gassen kann man sie gut zu Fuß erkunden. Ohnehin erlebt man auf diese Weise die besondere Atmosphäre der alten Gassen und der niedrigen Lauben am intensivsten.

Wer länger in Bern bleibt, kann einen Abstecher in die erst vor rund 150 Jahren besiedelten anderen Stadtviertel wagen: Die gemütliche **Länggasse** 17 verströmt als Standort eines Großteils der Gebäude der Universität Bern studentisches Flair. In den zahlreichen Cafés wird gelernt, diskutiert und in den Tag hinein gelebt. Ganz anders die „alternative" **Lorraine** 18: In dem ehemaligen Arbeiterviertel spürt man auf Schritt und Tritt den Drang, bestehende Verhältnisse nicht einfach so hinzunehmen – im konservativen Bern nicht immer eine leichte Aufgabe. Viele Interessengruppen und Bürgerinitiativen haben hier ihren Tätigkeitsschwerpunkt. Das **Kirchenfeld** mit seinen Museen und Botschaftervillen macht das Kaleidoskop der Berner Quartiere vollständig. Zusammen bilden sie einen interessanten Kontrast zur Altstadt.

Vorseite: So quirlig kann es auf der Marktgasse [E5] in der Altstadt zugehen

Wenn die Stadt noch schläft: Frühmorgens ist es am Ufer der Aare besonders still

Kurztrip nach Bern

Die Berner Altstadt ist klein genug, um sie an einem Tag besichtigen zu können. Wer aber Stadt und Region genauer kennenlernen möchte, sollte einen zwei- bis dreitägigen Besuch einplanen. Es gibt viel zu sehen – Kurzweil ist garantiert!

1. Tag

Vormittags: die historische Berner Altstadt

Los geht es am Zytglogge ❶, dem historischen Uhrturm, von dem aus man den im Buch beschriebenen **Stadtspaziergang** (s. S. 11) unternehmen kann. Dieser führt zunächst in die Untere Altstadt rund um Kramgasse und Gerechtigkeitsgasse ❷ und dann in einem wechselnden Bergauf-Bergab zum Rosengarten, in die Matte ❺ und zum Münster ❻. Zurück geht es über den Kornhausplatz ❿ und den Waisenhausplatz ⓬ zum Bärenplatz ⓮.

Danach kehrt man zum Mittagessen in eines der gemütlichen Altstadtlokale ein (s. S. 64).

Nachmittags/abends: Museumsstadt Bern

Am Nachmittag bietet sich der Besuch eines der zahlreichen hochwertigen Museen an. Je nach Interessenlage geht es ins Zentrum Paul Klee ⓳, ins Bernische Historische Museum mit der Einstein-Ausstellung (s. S. 59) oder ins Museum für Kommunikation (s. S. 61). Kunstliebhaber wählen das Kunstmuseum (s. S. 60) oder die Kunsthalle (s. S. 60).

Den Abend lässt man in einer Kellerbar in der Altstadt stimmungsvoll ausklingen.

2. Tag

Vormittags: Bern von oben

Nach dem Frühstück geht es auf den Berner Hausberg Gurten (s. S. 87). Hier kann nach Herzenslust gewandert, fotografiert und die Sonne genossen werden. Kinder können sich auf dem schönen Abenteuerspielplatz und auf der Kindereisenbahn austoben. Nach dem Mittagessen in einem der beiden Gurten-Restaurants (s. S. 65 und S. 71) geht es wieder hinunter in die Stadt.

Nachmittags/abends: Vorhang auf!

Der Nachmittag kann zum Einkaufen, zur Besichtigung des Einstein-Hauses oder für eine Führung im Bundeshaus ⓯ (Beginn 15 Uhr) genutzt werden, bevor es abends ins Theater geht. Das Stadttheater (s. S. 78), das Schlachthaus (s. S. 77), das Theater an der Effingerstrasse (s. S. 78) oder das Tojo in der Reitschule (s. S. 78) bieten für jeden Geschmack etwas.

3. Tag

Ganztägig: Landpartie

Der dritte Tag steht ganz im Zeichen der Region. Ob ins Emmental mit seiner Schaukäserei ㉒, ins Seeland zu den keltischen Pfahlbauern oder in die Gantrischregion zum Wandern – die Region Bern bietet viele spannende Möglichkeiten für einen Tagesausflug.

Am Abend, wenn man von der vielen frischen Luft müde geworden ist, kehrt man auf ein Fondue ein – entweder in einem schönen Landgasthof unterwegs, oder zurück in Bern in der Gourmanderie Moléson (s. S. 67) oder in der Harmonie (s. S. 65).

002be-bt

Das gibt es nur in Bern

- **BärenPark** 4: Mitten in der Stadt laufen die zotteligen Raubtiere in einem Gehege am Aarehang herum, zur großen Freude von Jung und Alt.
- **Aareschwimmen:** sich von einem Gebirgsfluss mitten durch eine europäische Hauptstadt treiben lassen – ein einzigartiges Vergnügen (s. S. 117)!
- **Zibelemärit** (s. S. 90): In anderen Städten werden öffentliche Feste zumeist in den wärmeren Monaten am Wochenende oder eventuell an einem besonderen Feiertag abgehalten. Nicht so in Bern: An einem Montag, und das auch noch Ende November, feiern Einheimische und Gäste ein ausgelassenes Straßenfest mit Tanz, Musik und viel, viel Konfetti. Im Mittelpunkt der Party steht die namensgebende Zwiebel, denn der Zibelemärit war ursprünglich ein Bauernmarkt.
- **Brunnen:** Über die gesamte Altstadt verstreut findet man immer wieder farbenfroh dekorierte Brunnen aus dem 16. Jahrhundert. Jeden Brunnen ziert eine besondere Figur, die ihm den Namen gibt und die zumeist von mehreren kleinen Bärenfiguren begleitet wird. Der bekannteste ist der Chindlifrässerbrunnen (s. S. 29). Wer selbst einmal sein Talent als Brunnenfigur unter Beweis stellen möchte, kann dies auf dem Lischetti-Brunnen beim Rathaus tun: Eine kleine Treppe führt auf einen Sockel mit Rednerplattform auf dem Brunnen.

Stadtspaziergang

Der beste Ausgangspunkt für die Entdeckung der Berner Altstadt ist der **Zytglogge** ❶. Vom historischen Uhrturm aus geht es die noble **Kramgasse** ❷ hinunter. Zwischen den gediegenen, barocken Bürgerhäusern gibt es immer wieder Spannendes zu entdecken, etwa das ehemalige Wohnhaus Albert Einsteins (Nr. 49) oder die reich verzierten Zunfthäuser der Berner Patrizier. Sehr sehenswert sind auch die historischen Brunnen mit ihren bunten Figuren in der Mitte der Gasse.

Am unteren Ende der Gasse (die ab der Kreuzgasse den Namen Gerechtigkeitsgasse trägt) lohnt sich ein Abstecher in die **Nydeggkirche** ❸, die auf den Grundmauern einer alten Burg steht, sowie über die Nydeggbrücke zum **BärenPark** ❹. Wer Panoramafotos von der Altstadt machen möchte, sollte von hier aus den kurzen Aufstieg zum **Rosengarten** (s. S. 87) in Angriff nehmen, von wo sich der schönste Blick über die Dächer Berns bietet.

Anschließend geht es über die alte Untertorbrücke ins **Mattequartier** ❺. Das Viertel am Flussufer wirkt heute verschlafen, hat es aber in sich: In früheren Jahrhunderten war hier das berüchtigte Rotlicht- und Hafenviertel Berns. Heute locken lauschige Gassen und Plätze wie etwa der Mühlenplatz [G5] zu einem Spaziergang. In der Badgasse geht es mit dem Mattelift hinauf zum **Münster** ❻, sportliche Citybummler nehmen die steile Mattentreppe direkt neben dem Aufzug. Oben angekommen, darf eine

Der BärenPark ❹ *ist eine beliebte Berner Attraktion*

004be-gk

Bei einem Spaziergang durch die Altstadt locken vielfältige Fotomotive

Besichtigung der bedeutendsten Kirche der Stadt nicht fehlen. Danach entert man die schmalen Verbindungsgassen Münstergässchen und Schaalgässchen, wo man noch etwas von der geheimnisvollen, mittelalterlichen Atmosphäre der Berner Altstadt spürt. Durch die stille Brunngasse geht es zum weitläufigen **Kornhausplatz** ❿. Die Arkaden im Kornhaus führen zur sehenswerten **Französischen Kirche** ⓫ und anschließend zum **Waisenhausplatz** ⓬ mit dem Meret-Oppenheim-Brunnen, einem wichtigen Werk der Berner Künstlerin.

Über den **Bärenplatz** ⓮ und die bekannte „Front" mit ihren Straßencafés geht es zum **Bundeshaus** ⓯. Nach einer Besichtigung des Zentrums der Schweizer Politik (Di.–So. 15 Uhr) und einem Blick von der Bundesterrasse auf die Bergriesen Eiger, Mönch und Jungfrau schlendert man zum Zytglogge ❶ zurück.

Routenverlauf im Stadtplan

Der hier beschriebene Spaziergang ist mit einer farbigen Linie im Stadtplan eingezeichnet.

Untere Altstadt und Mattequartier

Die Untere Altstadt zwischen Nydeggbrücke und Kornhausplatz 10 ist der älteste und sehenswerteste Teil der Berner Altstadt. In den Gassen und unter den Laubengängen spürt man die besondere Atmosphäre des alten Bern am intensivsten. Auch viele der bekannten Sehenswürdigkeiten wie Zytglogge 1 und Münster 6 befinden sich hier.

Alles begann gegen Ende des 12. Jh., als Berthold IV. aus dem Fürstenhaus der Zähringer eine kleine Burg an der Spitze der Aarehalbinsel erbauen ließ. Über diese **Nydegg genannte Burg** weiß man sehr wenig, aber ihre Funktion war klar: Sie sollte den an dieser Stelle angelegten, wichtigen Übergang über die Aare sichern. Im Interesse des Ausbaus und der Festigung ihres Herrschaftsbereichs gründeten Berthold und sein Sohn Berthold V. eine ganze Reihe von Siedlungen an strategisch wichtigen Punkten, so auch Bern.

Die Stadt erstreckte sich zunächst von der Burg Nydegg (an deren Stelle heute die Nydeggkirche 3 steht) bis zur heutigen Kreuzgasse [G5]. Im Jahr 1191, das heute als Gründungsjahr Berns angesehen wird, erweiterte Berthold V. die Stadt bis zum Zytglogge.

Die größte bauliche Veränderung erfuhr die Untere Altstadt in der ersten Hälfte des 18. Jh. Damals bauten die erstarkenden Berner Patrizier ihre prächtigen Barockhäuser und zeigten so der Welt, wie reich und mächtig sie waren. In dieser Zeit entstand auch die noch heute wahrnehmbare **soziale Teilung der Unteren Altstadt** entlang ihrer Längsachse. In der vornehmen Junkerngasse [G5] residierten, wie der Straßenname schon andeutet, die reichen Bürgerfamilien, während auf der anderen Seite der Kramgasse 2, in der Rathaus- und Postgasse das einfache Volk und diverse Handwerksbetriebe ansässig waren. Wer heutzutage einen Altstadtspaziergang unternimmt, kann den Vergleich leicht ziehen: In der Junkerngasse sind die Häuser breiter und die Fassaden reicher verziert als jenseits der Kramgasse. Glücklicherweise waren die Patrizier vernünftig genug, ihren eigenen Gestaltungswillen durch strenge Baugesetze so einzuschränken, dass die noch heute sichtbare **einheitliche Bebauung** entstand. Sie macht einen großen Teil des Berner Flairs aus und lockt Jahr für Jahr Hunderttausende Besucher in die geheimnisvollen Gassen zwischen Zytglogge und Nydegg. Dennoch wirkt das Viertel dank seiner vielen versteckten Winkel und der Lauben, die die Schritte der Menschen zu verschlucken scheinen, nie überlaufen.

Sowohl **das kirchliche als auch das weltliche Machtzentrum** befinden sich seit jeher in diesem Teil der Stadt. Weithin sichtbar ist das Münster 6, dessen Turm als einziger Bau aus dem ansonsten einheitlich hohen Dächergewirr herausragt. Am gegenüberliegenden Ende der Kreuzgasse steht das Rathaus 8, wo seit dem frühen 15. Jahrhundert die politischen Entscheidungen für Stadt und Kanton gefällt werden.

Die Untere Altstadt ist der wichtigste Teil des **UNESCO-Welterbes „Altstadt von Bern“** und steht komplett unter Denkmalschutz.

Der Zytglogge ist der ideale Ausgangspunkt für Entdeckungen

1 Zytglogge ★★★ [F5]

Der Zytglogge ist das Wahrzeichen Berns schlechthin. Der jahrhundertealte Uhrturm dient Einheimischen wie Besuchern als Treff- und Orientierungspunkt und ist obendrein sehr sehenswert.

Manchmal bemühen sich die Berner, in Anwesenheit von Hochdeutschsprechern artig „Zeitglockenturm“ zu sagen, aber das klingt immer irgendwie fremd und gestelzt. Es ist eben „der Zytglogge“ (das „y“ wird als langes „i“ gesprochen), der mitsamt seinem berndeutschen Namen zu Bern gehört wie der Eiffelturm zu Paris oder das Brandenburger Tor zu Berlin – sogar die Tramhaltestelle heißt offiziell so.

Seine Karriere begann der rund 21 Meter hohe, wuchtige und dennoch elegante Uhrturm als **Stadttor**, das zum Zeitpunkt seiner Erbauung 1218–1220 die westliche Grenze Berns markierte. Doch schon bald wuchs die Stadt in Richtung des heutigen Bahnhofs weiter, sodass sich der Turm unversehens im Stadtzentrum wiederfand und anderweitig genutzt wurde, etwa als **Gefängnis.** Beim großen Stadtbrand 1405 brannte er bis auf die Grundmauern nieder und wurde als Uhrturm neu aufgebaut.

Der Bau des Zytglogge in seiner heutigen Form erfolgte mitten in einer Ära, in der das alltägliche Leben der Menschen in ganz Europa eine einschneidende Veränderung erfuhr: Richtete man sich bis dahin üblicherweise nach dem Sonnenstand und den Jahreszeiten, wurde der Tag nun von den sich immer weiter verbreitenden Uhren in einen strikten 24-Stunden-Rhythmus gebracht. Dies war eine richtiggehende Revolution und der Zytglogge mit seinem riesigen, komplizierten Uhrwerk ein strahlendes **Symbol der neuen Zeit.**

Auf der Ostfassade (der in Richtung Untere Altstadt und Bärengraben gewandten Seite) fällt zunächst das **große, schwarz-goldene Zifferblatt** ins Auge. Es ist der jüngste Teil der Uhr, der aus dem Jahr 1608 stammt. Der äußere Kreis und der längere Zeiger mit der goldenen Hand zeigen die Stunden, der innere Kreis und der kürzere, pfeilförmige Zeiger die Viertelstunden an.

Wesentlich älter ist das **kleinere Zifferblatt** direkt über dem Tor. Es wurde beim Bau des heutigen Turms 1405 angebracht und weist auf dem äußeren Kreis die Stunden auf einer 2-mal-12-Stunden-Skala aus. Der kleine blau-goldene Zirkel in der Mitte zeigt die zwölf **Tierkreiszeichen**, an den Zeigern sind **Sonne und Mond** zu erkennen. Der aktuelle Stand der

030be-gk

Sonne auf der Skala mit den Tierkreiszeichen zeigt ungefähr die Jahreszeit an. Während die Sonne sich im 24-Stunden-Rhythmus bewegt, bleibt der Mond ungefähr 48 Minuten hinter ihr zurück und trifft sie nach einem Mond-Monat, also etwa 29½ Tagen, wieder. Das Zifferblatt mit den Tierkreiszeichen wiederum dreht sich im Rhythmus eines sogenannten Sterntages, der 23 Stunden und 56 Minuten dauert. So verschieben sich die drei Einheiten Sonne, Mond und Sterne ständig im Verhältnis zueinander, ganz wie in der Realität. Was mit heutigem Blick hingegen nicht mehr stimmt, ist die Anordnung: Die **astronomische Uhr** wurde, dem damaligen Weltbild entsprechend, mit der **Erde in der Mitte** konzipiert, um die die anderen Gestirne kreisen.

Für die meisten Menschen – damals wie heute – war und ist das **Glockenspiel** mit seinen lustigen Figuren rechts vom Zifferblatt wohl weitaus zugänglicher als die komplizierte astronomische Uhr. 3½ Minuten vor jeder vollen Stunde kräht der Hahn und macht die vor dem Zytglogge versammelten Schaulustigen darauf aufmerksam, dass das Schauspiel in Kürze beginnt. Zunächst drehen einige bewaffnete Bärchen als Sinnbild für die Stadtwache eine Runde.

MEIN TIPP

Kleines Geschäft in großer Kulisse

Weltkulturerbe hin oder her: Bern ist kein Freilichtmuseum, sondern eine Stadt, in der die Bewohner ihren Alltag leben. Ihre ganz gewöhnlichen „kleinen Geschäfte" können die Berner auch in historischer Umgebung direkt am Zytglogge erledigen – im **Pissoir an der Nordseite des Turms.** Zutritt leider ausschließlich für Männer.

Dazu schlägt oben schon der Narr auf seinen Glöckchen die Stunden – es ist zwar noch einige Minuten zu früh, aber als Narr nimmt man es eben nicht so genau. Die korrekte Zeit verrät der bärtige Chronos in der Mitte, immerhin ist er der griechische Gott der Zeit. Nachdem der Hahn ein zweites Mal gekräht hat, dreht Chronos seine Sanduhr und dirigiert mit seinem goldenen Zepter die Stundenschläge, die ein goldgefärbter Ritter namens Hans von Thann hoch oben im Turm ausführt. Um ganz sicher zu gehen, zählt Chronos mit, indem er bei jedem Schlag den Mund öffnet. Nach dem letzten Glockenschlag kräht der Hahn ein drittes Mal – eine neue Stunde ist angebrochen. Das aufwendige **Uhrwerk**, das im Hintergrund des Spektakels steht, kann man bei einer **Führung** durch das Innere des Turms besichtigen.

Der Zytglogge diente nicht nur zur Messung der Zeit, sondern auch der Bestimmung von **Entfernungen.** Bis heute zeigen im Tordurchgang Metallstäbe die exakte Länge von Meter und Doppelmeter an; vor Einführung des metrischen Systems waren hier Elle und Klafter zur Orientierung angebracht. Auch die Entfernungen auf den Kilometersteinen an Landstraßen im gesamten bernischen Herrschaftsgebiet wurden vom Zytglogge aus gemessen.

› Zeitglockenlaube/Marktgasse, Tram, Bus: Zytglogge, www.zeitglockenturm.ch, Führungen online buchbar unter www.zeitglockenturm.ch/fuehrungen, Dauer: 1 Std., Preis: 20 SFr, Kinder 6–16 J. 10 SFr, Studenten u. Rentner 15 SFr

Die Kramgasse ist die Lebensader der Altstadt

031be ©Somatuscani, dreamstime.com

❷ Kramgasse und Gerechtigkeitsgasse ★★★ [G5]

Die Kramgasse vom Zytglogge ❶ bis zur Kreuzgasse und ihre Fortsetzung Richtung Bärengraben, die Gerechtigkeitsgasse, bilden das Rückgrat der Unteren Altstadt und das Herzstück des Weltkulturerbe-Gebietes.

Die von den Anwohnern selbstbewusst **„schönste Gasse der Welt"** genannte **Kramgasse** wurde schon bei der Stadtgründung 1191 angelegt und dient seither als Hauptstraße der Altstadt – heutzutage gemeinsam mit der Marktgasse und der Spitalgasse, ihren Fortsetzungen in Richtung Bahnhof. Kram- und Gerechtigkeitsgasse gehören zu den stimmungsvollsten Straßen Berns, wo man die **Atmosphäre des historischen Stadtkerns** besonders gut spürt. Spektakulär wirkt die Gasse im Abendlicht, wenn die barocken Sandsteinfassaden vom Zytglogge her in rötlich-goldene Farben getaucht werden.

Die Kramgasse wurde seinerzeit besonders breit angelegt, um genug Platz für Marktstände zu bieten. Nach dem Stadtbrand 1405 entstanden anstelle der früheren offenen Stände die **Lauben**, unter denen die Händler nun ihre Waren feilbieten konnten.

Das heutige Straßenbild haben wir den umfangreichen Umbaumaßnahmen in der ersten Hälfte des 18. Jh. zu verdanken. In dieser Zeit entstanden – häufig unter der Leitung des damals populären Architekten Albrecht Stürler und seiner Schüler – die prächtigen Barock- und Rokokofassaden der **stattlichen Stadthäuser.** Sie gehörten den wohlhabenden Berner Patrizierfamilien. Auch die mächtigen Zünfte, in denen sich die Patrizier organisierten, unterhielten hier ihre **Zunfthäuser,** die man zum Teil heute noch gut erkennt: Von der Fassade der Hausnummer 5 etwa grüßt eine fröhliche rote Affenfigur, Namensgeberin der „Zunftgesellschaft zum Affen", der ursprünglich die Steinmetze und Maurer angehörten. Die „Zunft zur Schneidern" in der Kramgasse 12 hieß bis 2022 „Zunft zum Mohren", benannt nach der Figur auf der Fassade des Zunfthauses. Nach einer anhaltenden Rassismusdebatte änderte die Zunft ihren Namen. Die Statue selbst ist denkmalgeschützt und bleibt an Ort und Stelle, ist jedoch mit einer erklärenden Tafel in der Laube versehen worden, die das Kunstwerk historisch einordnet. An der Ecke Kreuzgasse schmückt schließlich eine Zimmermannsfigur im roten Hemd mit brauner Schürze das Haus der „Gesellschaft zu Zimmerleuten“. In diesem Haus ist seit 1527 die Rathaus-Apotheke Mieterin, die **älteste Apotheke Berns.** Ihr Holzinterieur stammt aus dem Jahr 1824. Als schönstes Haus der Straße und als Hauptwerk Albrecht Stürlers gilt indessen das **Tscharnerhaus** in der Kramgasse 54.

Deutlich älter als die Barockhäuser sind die beiden Brunnen in der Kramgasse. Sie stammen aus dem 16. Jh. Der **Simsonbrunnen** auf Höhe der Hausnummer 40 zeigt den gleichnamigen biblischen Helden, wie er einen Löwen attackiert. Die Figur trägt die Werkzeuge eines Metzgers, wahrscheinlich ein Hinweis auf die Lage des Brunnens: In der Hausnummer 36 befand sich in früheren Zeiten die Schaal, ein Schlachthof. In dem 1938 an dieser Stelle erbauten Konservatorium soll bis heute der Geist eines Kalbs spuken, das in der Schaal bei lebendigem Leibe gehäutet worden war. Ob das schaurige Blöken allerdings nicht eher von den übenden Gesangsschülern stammt, wurde bislang noch nicht untersucht. Direkt beim Brunnen verbindet das enge **Schaalgässchen** die Kramgasse übrigens mit einem weiteren ehemaligen Schlachthaus an der Rathausgasse, heute ein Theater (s. S. 77). Der zweite historische Brunnen, der **Zähringerbrunnen,** steht in der Nähe des Zytglogge ❶ und trägt als Brunnenfigur einen Bären in Ritterrüstung. Er soll an Berthold V. von Zähringen erinnern, den Gründer der Stadt.

Der wohl prominenteste Anwohner der Kramgasse war ein junger Physiker namens **Albert Einstein** (s. S. 17), der 1903–1905 eine Wohnung im Haus Nummer 49 mietete. Hier entstanden mehrere seiner bahnbrechenden Arbeiten zur Relativitätstheorie. Das Einsteinhaus (s. S. 59) ist heute ein Museum.

Von der Kreuzgasse abwärts Richtung Bärengraben heißt die Straße **Gerechtigkeitsgasse.** Auch hier fallen die **herrlichen Barockfassaden** ins Auge. Durch das sich zur Aare hin senkende Niveau der Straße kann man die Zugänge zu den Kellern gut erkennen. Alle Altstadthäuser besitzen große Kellergewölbe, die früher zur Lagerung von Vorräten genutzt wurden. Heute haben sich in vielen Kellern **Geschäfte und Cafés** angesiedelt. Das größte Patrizierhaus der Berner Altstadt ist das **Wattenwylhaus** unter der Hausnummer 40. Es wurde 1743 im Stil eines französischen „Hôtel“ erbaut und war 1802 ironischerweise Schauplatz für die Unterzeichnung der Kapitulation der Schweizer Truppen im Krieg gegen Napoleons Franzosen.

Benannt ist die Gerechtigkeitsgasse nach dem **Gericht,** das einst unter freiem Himmel an der Kreuzung mit der Kreuzgasse tagte. Heute sitzt das Jugendgericht des Kantons Bern noch immer an dieser Stelle, in der Gerechtigkeitsgasse 81. An die Bedeutung der Gasse erinnert auch der **Gerechtigkeitsbrunnen** auf Höhe der Hausnr. 40 mit der Justitia als Brunnenfigur.

Bei der Renovierung der Kram- und Gerechtigkeitsgasse 2005 wurde der direkt unter der Straße verlaufende **Stadtbach** wieder freigelegt.

› Tram, Bus: Zytglogge oder Bus 12: Rathaus, www.kramgasse.ch

Ein Genie bei der Arbeit – Albert Einstein in Bern

Die Leiter des **Schweizer Patentamtes** in Bern ahnten wohl nicht, was einst aus dem 23-jährigen, aus Schwaben stammenden Physiker werden würde, den sie im Juni 1902 als „Technischen Experten Dritter Klasse" bei der Behörde anstellten. Albert Einstein (1879–1955) seinerseits war wahrscheinlich vor allem froh, nach Jahren als Hauslehrer endlich eine Festanstellung bekommen zu haben.

Seine privaten Verhältnisse waren zu jener Zeit alles andere als geordnet: Seine serbische Freundin **Mileva Marić** (1875–1948), die er im Studium kennengelernt hatte, hatte im Januar 1902 daheim in der Vojvodina die gemeinsame uneheliche Tochter zur Welt gebracht, die kurz darauf vermutlich starb, ohne dass Einstein sie je gesehen hätte. Obendrein waren Einsteins Eltern gegen die Liaison mit der Kommilitonin.

Dennoch heirateten Mileva und Albert Einstein 1903 und mieteten eine Wohnung in der **Kramgasse 49.** Hier begann Einstein nach Feierabend mit der Arbeit an verschiedenen physikalischen Problemstellungen. Zwei Jahre später war es dann soweit: 1905, im „Wunderjahr" der Physik, publizierte er vier Artikel u. a. zur speziellen Relativitätstheorie und zum fotoelektrischen Effekt, die seinen späteren Weltruhm als Wissenschaftler begründen sollten und ganz nebenbei die Perspektive der Menschen auf die Welt revolutionierten. Er blieb noch bis 1909 am Patentamt und startete dann an der Universität Zürich seine akademische Karriere, die ihn später über Prag und Berlin in die USA führen sollte. 1922 erhielt Albert Einstein den **Nobelpreis für Physik.** Von Mileva, mit der er zwei Söhne hatte, ließ sich Einstein 1919 scheiden. Sie lebte bis zu ihrem Tod 1948 in Zürich.

Die erste gemeinsame Wohnung von Albert Einstein und Mileva Marić in der Kramgasse 49 ist heute als **Museum** eingerichtet (s. S. 59). Auch das **Bernische Historische Museum** hat Einstein eine eigene Ausstellung gewidmet (s. S. 59).

032be-bt

3 Nydeggkirche ★ [H4]

Die Nydeggkirche (gesprochen: Niedeck) steht dort, wo Bern seinen Ursprung nahm: An der Spitze der Aarehalbinsel baute Stadtgründer Berthold V. von Zähringen 1191 **eine Burg namens Nydegg,** die einige Jahrzehnte später geschleift wurde. An ihrer Stelle wurde 1341 eine erste kleine Kirche gebaut, deren Chor bis heute erhalten geblieben ist. Unter dem Chor sieht man – am besten von der Nydeggbrücke aus – die dicken **Grundmauern** der früheren Burg, auf die die Kirche einfach draufgesetzt wurde. Ende des 15. Jh. wurde das Gotteshaus komplett umgebaut und erhielt einen Turm. Nach dem Bau der **Nydeggbrücke** wurde die Nydeggkirche erweitert und baulich mit der Brücke verbunden, wobei einige Veränderungen bei der letzten großen Sanierung in den 1950er-Jahren wieder rückgängig gemacht wurden. In dieser Zeit entstand auch die Gestaltung des **schlichten Innenraums.**

In den Mittelpunkt des öffentlichen Interesses geriet die Nydeggkirche am 8. Juli 1995, als hier zum ersten Mal in der Schweiz ein homosexuelles Paar den kirchlichen Segen erhielt. Auch in früheren Jahrzehnten war die Nydeggkirche bekannt für ihre politisch engagierten Pfarrer: 1934 bis 1960 wirkte **Emil Blum** hier, der vor dem Zweiten Weltkrieg einer der führenden Köpfe der religiös-sozialistischen Jugendbewegung in Deutschland war. Sein Nachfolger war von 1961 bis 1983 **Kurt Marti,** der ferner als Schriftsteller und Atomwaffengegner bekannt ist.

› Nydegghof 2, Bus 12: Nydegg, www.nydegg.ch

⌃ Auf uralten Mauern erbaut: die Nydeggkirche

⌄ Der BärenPark bietet auch menschlichen Spaziergängern ein ideales Revier

4 BärenPark ★★ [H5]

Ob auf Wappen und Fahnen, in Firmenlogos, als Gebäck oder als echte Tiere aus Fleisch und Blut: Der **Bär** ist in Bern allgegenwärtig, seitdem er 1224 zum offiziellen **Wappentier der Stadt** erklärt wurde. 1513 brachten Berner Söldner einen erbeuteten Bären aus dem Krieg mit, für den auf dem heutigen Bärenplatz 14 ein kleines Gehege erbaut wurde. Seither wurden immer lebendige Bären in der Stadt gehalten, mit Ausnahme der Jahre 1798–1810, als die napoleonischen Truppen die damaligen Bewohner des Geheges nach Paris entführten.

Nach dem Bau der Nydeggbrücke Mitte des 19. Jh. entschloss man sich, die Bären am östlichen Ende der neuen Brücke anzusiedeln. Der bis vor einigen Jahren genutzte **Bärengraben** entstand, der eher ein Loch als ein Graben ist. Mehrere Meter unter dem Niveau der Straße mussten die Tiere ein trauriges, beengtes Dasein fristen und sich von den johlenden Besuchern über ihren Köpfen neugierig beäugen lassen.

Mit dem wachsenden gesellschaftlichen Bewusstsein für Tierschutz und artgerechte Haltung geriet der Bärengraben immer stärker in die **Kritik.** Da man den kuriosen Brauch der innerstädtischen Bärenhaltung aber auf keinen Fall aufgeben wollte, begannen die Stadtoberen mit den Planungen für den heutigen BärenPark. Nachdem 2007 auch die Bürger mit überwältigender Mehrheit zugestimmt hatten, wurde das Projekt in Angriff genommen. Seit der Eröffnung 2009 können sich die Bären in einem **Freigehege** auf rund 6000 begrünten Quadratmetern am Aarehang austoben, zum Baden wurde ihnen sogar eigens ein Stückchen Fluss abgezweigt. Auch die Besucher können sich freuen: Für sie wurden schöne **Spazierwege** angelegt, von denen aus sie die Bären in aller Ruhe beobachten können. Der alte Bärengraben wurde unter Bären und Menschen aufgeteilt: Den größeren Graben können die Bären nutzen, der kleinere Teil wird für Veranstaltungen vermietet.

Derzeit wird der BärenPark von einer dreiköpfigen Familie bewohnt: Männchen Finn und Weibchen Björk mit ihrer gemeinsamen Tochter Ursina. Der BärenPark gehört organisatorisch zum Berner **Tierpark Dählhölzli** (s. S. 114), kann aber unabhängig von diesem frei besichtigt werden.

› Grosser Muristalden 6, Bus 12: Bärenpark, www.baerenpark-bern.ch, ganztägig zugänglich (zu beachten: Die Bären halten Winterruhe, deswegen sind sie in der kalten Jahreszeit fast nie zu sehen), Eintritt frei

034be-gk

5 Mattequartier ★★ [G5]

Die „Matte", wie die Berner sagen, gehört zu den stimmungsvollsten Quartieren der Schweizer Bundesstadt. Mit ihren lauschigen Plätzen direkt am Fluss, den uralten, windschiefen Häusern und dem stolzen Lokalpatriotismus ihrer Bewohner verströmt sie ein ganz besonderes Flair.

Ursprünglich war der an der **Flussaue** („Matte" ist ein geläufiges alemannisches Wort für eine Wiese) unterhalb der Altstadt gelegene Stadtteil kein besonders gemütlicher Ort. Der Name der Gerberngasse, der Hauptstraße des Quartiers, weist heute noch darauf hin, dass sich hier in früheren Zeiten die bestialisch stinkenden Werkstätten der **Ledergerber** befanden. Damals lag die Matte außerhalb der Stadt, mit den Gerbern wollten die feinen Berner Bürger nichts zu tun haben, ebenso wenig wie mit den anderen Bewohnern des Quartiers: In der Matte waren Flößer, Fuhrleute, Prostituierte und andere gesellschaftliche Randgruppen zu Hause – die Matte war also ein richtiges **Hafenviertel,** denn damals war die Aare noch durchgehend schiffbar. Berüchtigt waren die Badehäuser, die mehr Swingerclub denn Waschgelegenheit waren; schon Giacomo Casanova vergnügte sich 1760 in den Etablissements in der Matte.

Die Halbwelt des Mattequartiers verschwand mit der **Industrialisierung** im 19. Jahrhundert. Aus den zuvor handwerklich betriebenen Gerbereien wurden große Fabriken, für die der Platz an der Aareschlaufe zu klein wurde. Mit der Errichtung von Wasserkraftwerken und dem Ausbau der Eisenbahn verlor die Aare ihre Bedeutung als wichtiger Wasserweg.

Die Matte schlummerte sanft ein und wurde erst in der zweiten Hälfte des 20. Jahrhunderts **wieder zum Leben erweckt**. Zunächst entdeckten Künstler und Studenten die besondere Atmosphäre der alten Werkstatträume und die günstigen Wohnungen in den unrenovierten Häusern, bevor einige Jahrzehnte später – wie in so vielen Städten – die Kreativwirtschaft und die Gastronomie nachzogen. Die Matte wurde zum **angesagtesten Viertel der Stadt**, das Nachtleben boomte.

Derzeit findet wieder ein grundlegender Wandel statt: War die Matte bis vor einigen Jahren das Ausgehviertel der Stadt schlechthin, haben inzwischen fast alle hier ansässigen Clubs geschlossen, da sie keine Lust mehr auf die wachsende Zahl der Anwohnerklagen wegen Lärms hatten. Viele der einst trendigen Quartierbewohner haben inzwischen Familie, die Matte ist **bürgerlich** geworden.

Was die „Mätteler" aller Epochen verbindet, ist jedoch ihre große Identifikation mit ihrem Stadtviertel, gepaart mit dem trotzigen Stolz tatsächlicher oder vermeintlicher „Underdogs". Waren in früheren Zeiten vor allem die Herrschaften aus der Altstadt darum bemüht, sich von dem vermeintlichen Gesindel vom Flussufer abzugrenzen, sind es heute die Bewohner der Matte, die ihre eigene Identität hochhalten. Im Quartier blüht ein **reges zivilgesellschaftli-**

Nur etwas für Schwindelfreie: der Mattelift zur Münsterplattform

ches Leben, viele beschäftigen sich mit der Geschichte des Viertels und sogar das alte Mattenenglisch kann in Sprachkursen gelernt werden (s. S. 22).

Zentrum des Mattequartiers ist der **Mühlenplatz**, der leider als Parkplatz genutzt wird. Sehenswert sind jedoch die historischen Wohnhäuser auf der gegenüberliegenden Straßenseite. Auffallend ist, dass die Wohnungen viel niedriger sind als die in etwa gleich alten Häuser in der Altstadt – ein Hinweis darauf, dass die Mattebewohner zu den weniger betuchten Bernern gehörten. Jeden dritten Samstag im Monat wird auf dem Mühlenplatz beim **Matte-Flohmarkt** (s. S. 80) gefeilscht und gehandelt.

Vom Mühlenplatz aus kann man die Hauptstraße, die hier Schifflaube heißt, entlangspazieren und rechts in die Badgasse einbiegen, wo man sich plötzlich ausgesprochen klein vorkommt: Man steht direkt am Fuß der mächtigen Münsterplattform, an deren Seite der **Mattelift** (s. S. 127) in die Höhe fährt. Auf dem Rückweg Richtung Mühlenplatz nimmt man die kleine Fußgängerbrücke über den Tych (Teich), einen für das 1891 eröffnete und bis heute betriebene Wasserkraftwerk Matte abgezweigten Arm der Aare, und geht durch die **stille Wasserwerkgasse** Richtung Nydeggbrücke. Hier spürt man noch etwas von der Stimmung des alten Mattequartiers mit seinen Gerbereien und Handwerksbetrieben, deren düstere Werkstätten heute von Designern und Architekten genutzt werden. Durch eine Toreinfahrt geht es dann wieder auf die Hauptstraße.

› Mattelift: Talstation, Bus 12: Nydegg, Bus 30: Läuferplatz, Mühlenplatz u. Badgasse

036be-gk

MEIN TIPP

Pause im Stadttor

Im Haus Mattenenge 3 [H4] befinden sich die Überreste des Ländtetors, eines erst 1959 wiederentdeckten Teils der Stadtbefestigung. Durch den niedrigen Durchgang im Gebäude kommt man zu einem herrlich lauschigen Plätzchen direkt an der Aare. Man kann es sich auf einer der beiden Bänke gemütlich machen und dem Rauschen des Wassers zuhören. An der Mauer zeigt ein Sgraffito eine Ansicht Berns aus dem Jahr 1820. Von hier fährt auch das kleine Motorboot von „Bern by Boat" zur Stadtrundfahrt ab (s. S. 121). Das Ländtetor ist nur zwischen 10 und 18 Uhr zugänglich.

Mattenenglisch – die Geheimsprache der Berner Unterschicht

„Lehe ische ds'Issfe itme ide ludgeicklischte idne irve-ibegre!" Nichts verstanden? Kein Problem, das ist genau so beabsichtigt. Der Satz entstammt nämlich dem sog. Mattenenglisch – einer Geheimsprache, die sich unter Kleinkriminellen und Randständigen im damaligen Armenviertel Mattequartier (5) herausgebildet hatte und dazu dienen sollte, sich von Außenstehenden bei krummen Geschäften nicht so leicht erwischen zu lassen. Oder umgekehrt gedacht: um zu zeigen, dass man dazugehört. Deswegen wurde das Mattenenglisch früher von Vater zu Sohn weitergegeben.

Die Regel zur Bildung von mattenenglischen Wörtern ist im Prinzip ganz einfach: Zunächst wird die erste Silbe eines Wortes (bei einsilbigen Wörtern die Buchstaben bis zum ersten Vokal) abgetrennt und hinten an den Rest des Wortes angehängt. Als ersten Buchstaben erhält das neu gebildete Wort ein I. Nun wird noch der letzte Vokal des neuen Wortes gegen ein e getauscht. So wird aus Bern Irnbe (der dritte Schritt ist bei diesem Beispiel nicht nötig, da der letzte Vokal ohnehin schon ein e ist).

Gar nicht so schwer – aber der Clou ist: Das korrekte, alte Mattenenglisch erhält man nur, wenn die Ausgangssprache das Mattenberndeutsch ist. Und das hatte es in sich. Durch die bunt gemischte Bevölkerung der Matte und die vielen Durchreisenden aus aller Herren Länder handelte es sich bei diesem Dialekt um eine Variante des Berndeutschen, die mit Worten aus dem Französischen, Jiddischen, Hebräischen sowie dem Rotwelschen, einer mittelalterlichen Gaunersprache, gespickt war. Die Herrschaften aus der noblen Berner Altstadt mitsamt der Polizei und alle anderen, die nicht zum „Mikrokosmos Matte" gehörten, hatten Mühe, diese besondere Sprache zu verstehen. Wenn man also ganz auf Nummer sicher gehen wollte, bediente man sich des Mattenenglischen.

Heutzutage wird weder Mattenenglisch noch Mattenberndeutsch noch im Alltag verwendet. Der „Matteänglisch-Club Bärn" (www.matteaenglisch.ch) mit seinen immerhin rund 350 Mitgliedern kümmert sich aber rührend um den Erhalt und die Pflege der beiden historischen Sprachen und bietet sogar eine Online-Übersetzungshilfe. Auch zwei Geschäfte am Mühlenplatz halten in ihren Namen das Mattenenglisch hoch: der Ittume-Idele (Matte-Laden), ein netter Bio-Quartierladen, und ein Imbiss namens Ligu Lehm (Stück Brot).

Der eingangs zitierte Satz lautet auf Deutsch übrigens „Hier ist das Fass mit den Goldstückchen nicht vergraben". Er steht auf einer Platte vor dem Haus Schifflaube 34 und soll Schatzsucher davon abhalten, an dieser Stelle nach dem sagenhaften Fass voller Gold zu graben, das unter der französischen Besatzung irgendwo in der Matte versteckt worden sein soll. Wo genau, haben bislang selbst die schlitzohrigsten Mätteler nicht herausfinden können ...

035be-gk

Im Mattequartier bildete sich das Mattenenglisch heraus

6 Münster ★★★ [F5]

Die gewaltige gotische Kirche ist eines der wichtigsten Baudenkmäler Berns. Als einziges Bauwerk ragt der 100 Meter hohe Turm weithin sichtbar aus dem ansonsten gleichmäßig hohen Dächergewirr der Altstadt empor.

Schon seit der Gründung Berns durch die Zähringer stand an der Stelle des heutigen Münsters die Kirche der Stadt. Mit der wachsenden Bedeutung wollte Bern einen entsprechend **repräsentativen Kirchenbau** und organisierte nach dem Stadtbrand von 1405 den Neubau. Die Finanzierung wurde durch eine Stiftung gesichert, in die die Bürger Geld einzahlen konnten. 1421 wurde der Grundstein für das Münster gelegt. Danach brauchte es allerdings insgesamt mehrere Bauetappen, verteilt auf über 450 Jahre, bis die Kirche 1893 mit Vollendung des Turms in ihrer heutigen Form fertiggestellt war.

Die größte Attraktion des Münsters ist direkt über dem Eingang angebracht. Die **Skulpturen- und Reliefgruppe „Das Jüngste Gericht“** über dem Hauptportal ist eine beeindruckende Arbeit des Münsterwerkmeisters Erhart Küng aus dem letzten Drittel des 15. Jh. Insgesamt **294 Figuren** bevölkern den Spitzbogen über dem Eingang. Zuoberst, im Scheitel des Bogens, thront Jesus Christus, flankiert von den stehenden Aposteln. Darunter ist – in auf die Spitze des Bogens zulaufender Richtung – je eine Reihe von Propheten und Engeln angebracht und im dreieckigen Feld das eigentliche Jüngste Gericht dargestellt. Hier schwingt der auf einem kleinen Säulenelement stehende, in Gold gekleidete Erzengel Michael Schwert und Seelenwaage, um die Seligen (vom Betrachter aus gesehen links) von den Verdammten (vom Betrachter aus gesehen rechts) zu scheiden. Die Qualen, die die Verdammten in der Hölle erleiden müssen, sind mit besonderer Liebe zum Detail dargestellt. Bei genauerem Hinsehen erkennt man unter den Figuren, die in der Hölle schmoren, Könige, Ritter und andere Würdenträger. Auch sonst scheint Erhart Küng ein Provokateur gewesen zu sein: Auf einer Brüstung vor dem zweitöstlichsten Pfeiler an der Nordseite des Münsters (an der Münstergasse) ließ er ein Relief mit der Inschrift „machs na“ („Mach’s [doch] nach“) anbringen. Man muss allerdings hinzufügen: Angesichts seiner meisterhaften Arbeiten im und am Münster war er zu Recht so selbstbewusst.

⊡ *Buchstäblich überragend: das Berner Münster*

037be-bt

MEIN TIPP

Ein ehemaliger Friedhof

An der Südseite des Münsters 6 kann man sich auf der **Münsterplattform** ausruhen. Es handelt sich um eine rund 31 Meter hohe, aufgeschüttete Terrasse, die zunächst als Friedhof genutzt wurde, aber schon seit 1531 als Parkanlage dient. Die Bänke unter den alten Kastanienbäumen laden zum Verweilen ein, in der Ecke bei der Bergstation des **Mattelifts** (s. S. 127) ist auch das kleine Café Einstein au Jardin in Betrieb (geöffnet: tägl. 10–17 Uhr).

Das **Innere der Kirche** ist typisch für spätgotische Basiliken. Es erstreckt sich auf eine Höhe von rund 20 Metern und besitzt ein schön dekoriertes Deckengewölbe. Besonders beachtenswert sind die bunten Glasfenster im Chor, deren Großteil aus dem 15. Jahrhundert stammt und original erhalten ist. Das filigran geschnitzte Chorgestühl geht auf die erste Hälfte des 16. Jahrhunderts zurück.

Körperlich fitte und schwindelfreie Besucher können die **Besteigung des Turms** in Angriff nehmen. Genau 222 Stufen führen auf die erste Galerie in Höhe von 46 Metern, weitere 90 Stufen muss man bezwingen, um die auf 64 Metern gelegene zweite Galerie zu erreichen. Von oben bietet sich ein **atemberaubender Rundblick** vom Juragebirge bis zu den Berner Alpen.

Bis 2007 wohnte übrigens ein **Turmwächter-Ehepaar** in der 3-Zimmer-Wohnung hoch oben im Turm und musste mangels Aufzug gut aufpassen, beim Einkaufen in der Stadt ja nichts zu vergessen. Als Entschädigung für den mühsamen Nachhauseweg bekamen die Turmwächter immerhin den wohl schönsten Ausblick auf die Stadt. Die derzeitige Turmwärterin hat allerdings nur ihr Büro im Turm, weil sie als stellvertretende Küsterin auch „unten“ ziemlich viele Aufgaben erledigen muss.

Da es in der evangelisch-reformierten Kirche der Schweiz keine Bischöfe gibt, ist das Berner Münster formal eine gewöhnliche Pfarrkirche.

› Münsterplatz 1, Bus 12: Rathaus, www.bernermuenster.ch, Anf. April–Mitte Okt. Mo.–Sa. 10–17, So. 11.30–17 Uhr, Mitte Okt.–Anf. April Mo.–Fr. 12–16, Sa. 10–17, So. 11.30–16 Uhr (der Turm schließt jeweils eine halbe Std. früher), Eintritt frei, Turmbesteigung: 5 SFr, Kinder 7–16 J. 2 SFr

038be-bt

7 Erlacherhof ★ [G5]

Der Erlacherhof ist – mit Ausnahme des überdimensionierten Glasdachs am Bahnhofplatz – das wohl „unbernischste" Gebäude in der Altstadt. Die Bauherren, Hieronymus von Erlach und sein Sohn Albrecht Friedrich, standen beide als Offiziere in Diensten der österreichischen Armee.

Wohl daher rührt es, dass sie Gefallen am **katholisch-barocken Prunk** fanden und sich 1745–1752 vom Architekten Albrecht Stürler – ironischerweise auch Erbauer vieler der typischen, bescheidenen und dennoch eleganten Berner Altstadthäuser – ein veritables Schloss mitten in die Altstadt stellen ließen. Damit brachen sie auf rabiate Weise mit der einheitlichen Bebauung der Stadt und der darin zum Ausdruck kommenden zurückhaltend-protestantischen Geisteshaltung.

Einzigartig für Bern ist der zur Gasse hin **offene Hof**, der den Eindruck eines freistehenden Palais vermitteln soll. Nach der Eroberung Berns durch Napoleons Truppen diente der Erlacherhof als Dienstsitz der französischen Militärverwaltung, später als Grundschule und französische Botschaft. Seit 1857 hat der Berner Stadtpräsident (Bürgermeister) seinen Amtssitz im Erlacherhof.

Besonders sehenswert ist der terrassenartig angelegte **Barockgarten**, der 1979 nach alten Darstellungen restauriert wurde und heute mit historischen Zierpflanzensorten bepflanzt ist. Der Garten ist am besten von der Münsterplattform (s. S. 24) aus zu sehen. Der Erlacherhof selbst ist nur viermal im Jahr an den Tagen der Volksabstimmungen sowie zu einem kleinen Teil (im Wesentlichen den Eingangsbereich im Erdgeschoss) zu den Öffnungszeiten der Stadtkanzlei zugänglich.

› Junkerngasse 47, Bus 12: Rathaus, geöffnet an Abstimmungstagen, Stadtkanzlei Mo.–Do. 8–12 und 13.30–16 Uhr

◁ Das Jüngste Gericht über dem Hauptportal des Münsters 6 gilt als Meisterwerk der Gotik

8 Rathaus ★★ [G4]

Das Rathaus wurde 1406–1416 im **spätgotischen Stil** erbaut und gilt als bedeutendster mittelalterlicher Rathausbau der Schweiz. Bis heute werden hier die wichtigsten politischen Entscheidungen Berns getroffen, und zwar sowohl die der Stadt als auch die des Kantons. Denn obwohl in der Schweiz Kantone und Gemeinden verschiedene Kompetenzen haben, wird der **Grossratssaal** des Berner Rathauses traditionell sowohl vom Kantonsparlament als auch vom Stadtrat für Sitzungen genutzt. Dies ist darauf zurückzuführen, dass in den Zeiten des „alten Bern" vor Napoleon die Trennung zwischen Stadt und Kanton nicht allzu deutlich war, im Gegenteil: Die Stadtberner Patrizier herrschten über ihre ausgedehnten Gebiete, die weitaus größer waren als der heutige Kanton. Auch der Umstand, dass der Grossratssaal bis heute von der Synode der reformierten Kirche des Kantons Bern mitgenutzt wird, sagt einiges über die einstige Machtfülle der Patrizier in praktisch allen Bereichen des öffentlichen Lebens aus.

Sehenswertester Teil im Außenbereich des Rathauses ist die **große Freitreppe** mit den gotischen Reliefs, von der aus man einen interessanten Blick in die Kreuzgasse hat. Man sieht deutlich, dass das Rathaus zen-

039be-bt

Hier wird Politik gemacht: das Berner Rathaus

tral in die Achse der Gasse platziert wurde. Steht man zuoberst auf der Treppe, schaut man der Brunnenfigur des **Vennerbrunnens** auf dem Rathausplatz, einem Ritter in Rüstung, direkt in die Augen.

Über dem Treppenbaldachin direkt unter dem Dach erkennt man die Wappen der 30 bernischen Amtsbezirke. Die **Fassade** des Rathauses wurde 1865–1868 mit überbordenden neogotischen Verzierungen versehen, die schon bald kritisiert wurden und schließlich nicht einmal 100 Jahre Bestand haben sollten. Beim letzten großen Umbau 1940–1942 wurden sie ausnahmslos entfernt, ebenso wie fast alle Barockelemente früherer Jahrhunderte. Ziel war die Wiederherstellung des ursprünglichen mittelalterlichen Zustandes, die nicht überall im Detail, aber doch in der Gesamtwirkung gelungen ist.

Innen ist die quadratische, 22 mal 22 Meter große **Säulenhalle** im Erdgeschoss besonders eindrucksvoll. Sie ist original aus dem 15. Jh. erhalten und man spürt hier tatsächlich einen Hauch von Mittelalter. Interessant ist, dass die Halle fast baugleich mit der Säulenhalle des Römers in Frankfurt ist und auch den Rathäusern in Ulm, Lindau und Esslingen ähnelt. Kein Wunder, wenn man bedenkt, dass die ursprünglichen Architekten aus der Umgebung der süddeutschen Stadt Rottweil stammten.

Das **Obergeschoss** hingegen wurde in den 1940er-Jahren komplett umgestaltet. An der Wand des Grossratssaals illustriert eine imposante **Wandmalerei** mit dem Titel „Aufbau“ die Gründung der Stadt Bern. Sie stammt vom Maler und Bühnenbildner Karl Walser, dem Bruder des Schriftstellers Robert Walser. Außerdem sind Werke von Ferdinand Hodler und anderen Künstlern des 20. Jh. zu sehen.

Das Rathaus ist während der Sitzungen des Stadtrats sowie in den Sitzungsperioden (Sessionen) des Grossen Rates des Kantons geöffnet. Darüber hinaus werden einmal im Monat **Führungen** angeboten.

› Rathausplatz 2, Bus 12: Rathaus, an den Sitzungstagen des Stadtrates (jeden Do.) und in den Sitzungsperioden des Grossen Rates des Kantons Mo.–Fr. 7.30–12.15 und 13.15–17 Uhr (Infos zu den Sessionen unter www.gr.be.ch, Menüpunkt „Sessionen“), Führungen: Anmeldung erforderlich unter Tel. 031 6337550, Termine unter www.sta.be.ch/de/start/dienstleistungen/fuer-eine-rathaus-fuehrung-anmelden.html, Eintritt frei

9 St.-Peter-und-Paul-Kirche ★ [F4]

Die im Stil des Historismus gestaltete St.-Peter-und-Paul-Kirche mit ihren schönen Jugendstil-Deckenmalereien wurde 1858–1864 errichtet. Sie war damit die erste **katholische Kirche,** die seit der Reformation in Bern erbaut wurde. Und das ausgerechnet direkt neben dem Rathaus 8, dem Machtzentrum des urprotestantischen Bern! Zu allem Überfluss kam ihr **Architekt Édouard Deperthes,** einer der Erbauer des Pariser Rathauses, aus Frankreich, dem Land, dessen Truppen rund 60 Jahre zuvor dem „alten Bern" den Garaus gemacht und den sagenhaften Staatsschatz geplündert hatten. Die Kirche war eine Provokation; manche nannten das Gebäude den „französischen Fremdling".

Die **Konflikte** ließen denn auch nicht lange auf sich warten. Bereits wenige Jahre nach ihrer Fertigstellung fand sich die Kirche im Zentrum der Auseinandersetzung zwischen verschiedenen konfessionell-politischen Gruppierungen, die ihren Ursprung in der Gründung der modernen Schweiz 1848 (s. S. 97) hatte. Im neuen Bundesstaat gaben Politiker aus den protestantischen Hochburgen Bern, Zürich, Genf und Basel den Ton an. Der Vatikan und sein direkter Einfluss auf die katholischen Geistlichen waren ihnen suspekt.

Sehr gelegen kam ihnen das Erste Vatikanische Konzil 1869/1870, bei dem unter anderem die Unfehlbarkeit des Papstes als Dogma festlegt wurde. Vielen katholischen Priestern und Gläubigen ging das zu weit und die eidgenössischen Politiker witterten ihre Chance, sie von Rom loszueisen. Unter Federführung des katholischen Nationalratsabgeordneten Walther Munzinger wurde ab 1871 eine **katholische Nationalkirche** gegründet; bald erhielt die neue Konfession die Bezeichnung „christkatholisch", um deutlich zu machen, dass man zwar an Christus, nicht aber an den Papst in Rom glaubte. Um keine Zweifel aufkommen zu lassen, dass es sich um eine seriöse Angelegenheit handelt, wurde schon 1874 die christkatholisch-theologische Fakultät an der Universität Bern gegründet, ein Jahr später erhielt die junge Konfession die St.-Peter-und-Paul-Kirche als **Bischofssitz.**

Die **christkatholische Kirche** der Schweiz ist den altkatholischen Kirchen, wie es sie in Deutschland und Österreich gibt, sehr ähnlich. Von der römisch-katholischen Kirche unterscheidet sie sich darin, dass sie die Unfehlbarkeit des Papstes ablehnt und zudem seit 1999 auch Frauen zu **Priesterinnen** weiht (auch die St.-Peter-und-Paul-Kirche hat eine Pfarrerin). In der gesamten Schweiz hat sie rund 11.000 Mitglieder, davon rund 650 in der Stadt Bern. Trotz dieser geringen Größe ist sie wegen ihrer Bedeutung in der Schweizer Geschichte in mehreren Kantonen als Landeskirche anerkannt und damit der römisch-katholischen und der evangelisch-reformierten Kirche gleichgestellt.

Zudem ist die christkatholische Kirche die einzige in der Schweiz, deren Mitgliederzahl in den vergangenen Jahrzehnten gewachsen ist, zumeist durch Übertritte aus anderen Konfessionen.

› Rathausgasse 2, Bus 12: Rathaus, www.christkath-bern.ch, Vorhalle ganztägig, Kirchenraum Ende Mai–Ende Nov. Fr.–So. 14–16.30 Uhr, Gottesdienste Mi. 18.30 und So. 10 Uhr, Eintritt frei

Obere Altstadt

Der Begriff „Obere Altstadt" bezeichnet den Teil der Altstadt zwischen Zytglogge 1 und Bahnhof. Hier pulsiert das geschäftliche und kulturelle Leben Berns und von hier aus, genauer aus dem Bundeshaus 15, werden die politischen Geschicke der Schweiz gelenkt.

Bereits rund 60 Jahre nach der Gründung war den Bernern ihre Stadt zu klein geworden. In mehreren Etappen erweiterten sie sie zunächst bis auf die Höhe des heutigen Bärenplatzes 14 und rund 100 Jahre später bis dorthin, wo heute die Heiliggeistkirche 16 steht. Zusätzlich zu den Straßen und Gebäuden wurden komplexe Wehranlagen geschaffen, die im 19. Jh. allesamt geschleift wurden, um Platz für den weiteren **Ausbau der Stadt** zu schaffen.

KURZ & KNAPP

Der Kinderfresser

Im Roman „Der Kinderfresser" des sprachgewaltigen Westschweizers Jacques Chessex spielt der Chindlifrässerbrunnen (s. S. 29) eine wichtige Rolle. 1973 erhielt Chessex für das Buch als erster Ausländer überhaupt den Prix Goncourt, den wichtigsten französischen Literaturpreis.

082be © saiko3p, stock.adobe.com

Im Zuge der Wahl Berns zur Bundesstadt der 1848 gegründeten modernen Schweiz entstanden in diesem Gebiet die Gebäude, die für die Wahrnehmung der **Hauptstadtfunktion** notwendig waren: das Bundeshaus, die Nationalbank und zahlreiche Verwaltungsbauten im Viertel rund um den Bundesplatz. Auch der Berner Bahnhof wurde in diesen Jahrzehnten der dynamischen Entwicklung in Betrieb genommen, zunächst direkt neben der Heiliggeistkirche und 1891 dann am heutigen Standort. Oberhalb des Bahnhofs errichtete man schließlich 1903 das Hauptgebäude der Universität, im selben Jahr wurde das Stadttheater am Kornhausplatz 10 eröffnet.

Heute präsentiert sich die Obere Altstadt als **quirliges Stadtzentrum** mit Geschäften, Cafés und Restaurants. Wer lieber Ruhe sucht, findet auch lauschige Ecken, allen voran die Kleine Schanze (s. S. 88) mit herrlicher Aussicht auf die Alpen.

10 Kornhausplatz ★★ [E4]

Der weitläufige Kornhausplatz wird von zwei stattlichen Gebäuden beherrscht: dem Stadttheater (s. S. 78) und dem namensgebenden Kornhaus.

Das **Kornhaus** wurde 1711–1715 als städtisches Lager für Getreide und Wein erbaut. Heute befinden sich hier die Hauptstelle der Stadtbibliothek und das Kornhausforum, ein Veranstaltungsort für Ausstellungen und Lesungen. Im Untergeschoss erwartet das legendäre Lokal Kornhauskeller (s. S. 66) seine Gäste.

Seit Jahrhunderten Berns Kinderschreck: der „Chindlifrässer" auf dem gleichnamigen Brunnen

Mein Tipp

Ein Kaffee auf dem Kornhausplatz

Im urigen **Pyrénées** (s. S. 72) gegenüber von Kornhaus und Stadttheater sitzt man direkt auf dem Kornhausplatz 10 und kann bei einem Kaffee in aller Ruhe das geschäftige Treiben auf dem Platz beobachten.

Das **Stadttheater** nebenan wurde im Jahr 1903 eröffnet und ist heutzutage vor allem Schauplatz von Musiktheateraufführungen.

Vor dem Kornhaus steht eines der Wahrzeichen Berns schlechthin: der **Chindlifrässerbrunnen**, der wohl ungewöhnlichste der historischen Altstadtbrunnen. Er wurde 1545 anstelle eines hölzernen Brunnens vom Bildhauer Hans Gieng erbaut, der für die meisten der alten Brunnen der Stadt verantwortlich zeichnet. Die Hauptfigur ist ein mit gewaltigen Zähnen bewehrter Fiesling, der gerade ein kleines Kind verschlingt. Seine nächsten Opfer warten bereits in seiner Umhängetasche auf ihr grausiges Schicksal. Vermutlich sollte Kindern mit der Figur des Kinderfressers Zucht und Ordnung beigebracht werden. 1997 wurde der komplette, über 500 Jahre alte Brunnen wegen einer Renovierung der Tramschienen um einige Meter verschoben.

› Tram, Bus: Zytglogge

11 Französische Kirche ★★ [E4]

Von 1280 bis 1310 im gotischen Stil erbaut, ist die Französische Kirche der **älteste erhaltene Kirchenbau Berns.** Ursprünglich gehörte sie zu einer Klosteranlage der Dominikaner, was man heute noch gut an dem für die Kirchen dieses Ordens typischen kleinen Holztürmchen (anstatt eines

041be-gk

„richtigen" Kirchturms) erkennt. Vom Kloster selbst ist nichts mehr übrig, die Gebäude wurden Ende des 19. Jh. abgerissen.

In den gut zwei Jahrhunderten seiner Existenz hatte das Berner **Dominikanerkloster** jedoch eine enorme Bedeutung. Die Mönche besaßen riesige, vom Staat gestiftete Ländereien und empfingen hohe Gäste: Mehrfach waren römisch-deutsche Kaiser zu Besuch, 1418 gar der damalige Papst Martin V. Auch der Grosse Rat Berns hielt bis zum Bau des Rathauses 8 seine Sitzungen im Kloster ab. Nach mehreren Skandalen und infolge der aufkommenden Reformation wurden 1527 sämtliche Klöster in Bern aufgelöst und die Besitzungen verstaatlicht. Die Gebäude des Dominikanerklosters wurden als Krankenhaus und Kornspeicher genutzt.

Die Kirche selbst wurde 1623 der französischsprachigen Kirchgemein-

Dominikanischer Dachreiter auf der Französischen Kirche

Bonjour Berne – die frankofone Bundesstadt

Bis vor rund 100 Jahren war es in den Familien der Berner Oberschicht gang und gäbe, französisch zu sprechen. Die Sprache Voltaires und Molières galt als **besonders kultiviert.** Auch die zahlreichen französischsprachigen Beamten, die seit Gründung der modernen Schweiz 1848 in der neu ernannten Bundesstadt Bern residierten, trugen dazu bei, dass das Französische zum Berner Alltag dazugehörte – nicht zu vergessen die Tatsache, dass die Stadt nur 20 Kilometer von der deutsch-französischen Sprachgrenze entfernt liegt.

Dies alles hat sich im 20. Jh. **grundlegend gewandelt.** Heute geben nur noch rund 3 % der Berner Französisch als Muttersprache an. Ein Grund dafür ist, dass Berndeutsch auch in „höheren Kreisen" wieder salonfähig geworden ist, ferner die Abschaffung einer Regelung, die Staatsbedienstete verpflichtet hatte, in der Region Bern zu wohnen. Seither bevorzugen es viele Westschweizer Beamte, an ihren Dienstort in der Bundesstadt zu pendeln. Zuwachs erhält die frankofone Gemeinschaft allenfalls noch durch Einwanderer aus Frankreich, Belgien und Afrika. Dementsprechend selten ist es geworden, dass man auf der Straße französische Worte hört oder gar in einem Geschäft auf Französisch bedient wird. Viele, vor allem jüngere Berner sprechen nur noch ungern (und nicht besonders gut) Französisch, obwohl es in den Schulen **Pflichtfach** ist. Immerhin bietet das **Stadttheater** (s. S. 78) in jeder Spielzeit eine französischsprachige Vorstellungsreihe an und da der Kanton Bern zweisprachig ist, können frankofone Berner ihre Korrespondenz mit den kantonalen Behörden in ihrer Muttersprache erledigen.

de zur Verfügung gestellt, die ab 1685 durch die Flucht der protestantischen **Hugenotten** aus Frankreich einen starken Mitgliederzuwachs verzeichnete. Bis heute ist die Kirche der Versammlungsort der französischsprachigen reformierten Gemeinde.

Wenn man die Kirche durch den **südlichen Nebeneingang** in der Zeughausgasse betritt, fällt zunächst die ungewöhnliche Struktur des Gebäudes auf: Man befindet sich nicht etwa an einem Ende des Gebäudes, sondern mittendrin. Rechter Hand erstreckt sich ein breiter Korridor, der den Chor und das eigentliche Kirchenschiff voneinander trennt. Betritt man ihn, erblickt man rechts den heute nüchtern weiß getünchten Chor; links hinter der Wand befindet sich das Kirchenschiff. Der Chor war ursprünglich nur den Mönchen vorbehalten, die Gläubigen versammelten sich im Kirchenschiff. Sehenswertestes Element des für eine gotische Kirche bemerkenswert hellen Kirchenschiffs ist der sogenannte **Lettner.** Dieser auf Spitzbögen stehende Aufbau unterhalb der Orgel sollte die Trennung zwischen Geistlichen und einfachen Gläubigen symbolisieren und diente ganz praktisch auch als Kanzel zum Predigen oder Singen. Der Lettner der französischen Kirche wurde 1495 bemalt; diese Bemalung ist bis heute erhalten geblieben. Auf der Vorderseite sind mittig, durch einen Spitzbogen getrennt, Maria und der Erzengel Gabriel bei der Verkündigung zu sehen, links und rechts die

Propheten Jesaja und Jeremia. Links davon erkennt man zwei Szenen aus dem Leben des Ordensstifters Dominikus. Unter dem mittleren Bogen ist links die sogenannte Wurzel Jesse abgebildet, ein um die Maria mit dem Jesuskind gruppierter Stammbaum der Ahnen Jesu. Analog dazu sieht man rechts einen ganz ähnlich gestalteten Stammbaum des Dominikanerordens mit dem Stifter Dominikus an der Wurzel. Dies soll den Dominikanerorden symbolisch in die biblische Tradition stellen und zugleich die wichtige Rolle des Ordens bei der Verbreitung des Marienkults betonen.

An der Wand über der Orgel erkennt man undeutlich die Verzierung des ehemaligen Triumphbogens mit einem **Fresko**, das das Jüngste Gericht darstellt. An der nördlichen Wand des Kirchenschiffs (wenn man mit dem Gesicht zur Orgel steht, linker Hand) findet man in einer spitzbogenförmigen Nische auf Höhe des Eingangs ein etwas besser erhaltenes **Wandgemälde** mit der Darstellung des Martyriums der hl. Katharina und der hl. Barbara. Ursprünglich war die gesamte Kirche mit solchen Fresken verziert. Nach der Reformation wurden diese weiß übermalt und erst im 20. Jh. bei Renovierungsarbeiten wiederhergestellt.

Dank der hervorragenden Akustik ist die französische Kirche oft Schauplatz von Konzerten.

› Predigergasse 1 (Eingang in der Zeughausgasse), Tram, Bus: Zytglogge, www.egliserefberne.ch, Mo.–Fr. 9–11 und 14–17, Sa. 10–15 Uhr, Eintritt frei (außer bei Konzerten)

⑫ Waisenhausplatz ★ [E4]

Der langgezogene Waisenhausplatz markiert das Ende der ersten großen Erweiterung der Berner Altstadt Mitte des 13. Jh. Den Verlauf der ehemaligen **Stadtbefestigung** kann man heute noch anhand der leicht gekrümmten Häuserzeile zwischen dem Eingang des Parkhauses Metro (mit Kiosk) und der Spitalgasse nachverfolgen. Der markanteste Teil dieser Häuserreihe ist der mit einem Fachwerkaufbau versehene **Holländerturm**, die Erweiterung eines ehemaligen Wehrturms. Seinen Namen erhielt er von Offizieren, die in der holländischen Armee gedient hatten und sich Ende des 17. Jh., als Tabak in Bern verboten war, zum Rauchen im Turm trafen.

042be-gk

Außerhalb der Markttage geht es auf dem Waisenhausplatz eher ruhig zu

KURZ & KNAPP

Oranje in Bern

Echte Holländer waren 2008 in größerer Zahl zu Gast in Bern. Zum Rauchen mussten sie allerdings auf den Kornhausplatz ⑩ ausweichen, denn der **Holländerturm** auf dem Waisenhausplatz ⑫ wäre ihnen wohl etwas zu eng gewesen. Die 120.000 niederländischen Fußballfans, die anlässlich der Fußball-Europameisterschaft in der Stadt Quartier bezogen hatten, verdoppelten die Einwohnerzahl Berns vorübergehend und feierten wochenlange Partys auf seinen Straßen und Plätzen. Die Stadt hat ihnen ein ungewöhnliches Denkmal gesetzt: Die **Kornhausbrücke** [F4], die die Holländer auf dem Weg aus der Altstadt zum Stade de Suisse (s. S. 41) passieren mussten, trägt zur Erinnerung an die verrückten Tage Straßenschilder mit der niederländischen Aufschrift „Korenhuisbrug" – selbstverständlich in Orange.

Bereits 1345 erfolgte die nächste Erweiterung der Stadt Richtung Westen und der Waisenhausplatz, der zuvor an der Westgrenze Berns lag, fand sich im Stadtzentrum wieder. Nur logisch, dass er fortan als **Marktplatz** genutzt wurde – und bis heute wird (s. S. 81).

Am Nordende des Platzes steht das 1782–1786 erbaute **Knabenwaisenhaus**, Namensgeber des Platzes und seit 1942 Sitz der Berner Polizei. Davor steht eine mit Moos bewachsene Steinsäule. Das ist der **Meret-Oppenheim-Brunnen**, ein 1983 von der gleichnamigen Schweizer Künstlerin geschaffenes Werk. Über die Jahre hat die ursprünglich kahle Betonspirale Vegetation angesetzt; das stark mineralhaltige Wasser des Brunnens sorgte für die Entstehung der vielfältigen Tuffsteinformationen an der Säule (die allerdings ab einer bestimmten Größe wegen Steinschlaggefahr von der Stadt entfernt werden). Der Brunnen „lebt" also, und tatsächlich soll er nach der Vorstellung Meret Oppenheims anhand der zwei Elemente Wasser und Vegetation das Spannungsfeld zwischen planbarer Stadtentwicklung und eigengesetzlicher Natur deutlich machen. Besonders schön ist der Brunnen in kalten Wintern anzusehen, wenn die herabstürzenden Wasserkaskaden zu großen Eiszapfen gefrieren.

Um Kunst geht es auch an der Nordwestseite des Waisenhausplatzes (wenn man mit dem Gesicht in Richtung Polizeipräsidium steht, vorne links). Im ehemaligen **Progymnasium** ist das Progr ansässig, ein Zentrum für Kulturschaffende mit Ateliers, Proberäumen und der angesagten Turnhalle (s. S. 74).

› Tram, Bus: Bärenplatz

⑬ Käfigturm ★ [E5]

Der damals noch **Gloggnersturm** genannte Bau entstand im Zuge der ersten großen Westerweiterung Berns als Stadttor. Allerdings erfüllte er diese Funktion nur rund 90 Jahre lang, denn schon 1345 wurde die Altstadt ein zweites Mal erweitert. In der Folge diente er als **Wachturm und Gefängnis**; so kam der Turm zu seinem bis heute geläufigen Namen. 1641–1644 wurde er komplett abgerissen und wieder neu aufgebaut. Rund 50 Jahre später erhielt der Käfigturm die noch heute zu sehende Uhr, die nur die Stunden anzeigt. Die letzten Strafgefangenen wurden erst 1897 in andere Gefängnisse verlegt.

Seither wird der 49 Meter hohe Turm vom Verein **Polit-Forum Bern** genutzt. Es zeigt wechselnde Ausstellungen zu Gesellschaft, Wirtschaft und Staatswesen der Schweiz, dazu kommen interessante Vorträge und Veranstaltungen.

Ein sehenswertes Bild ist es, wenn sich eine Tram in Richtung Zytglogge 1 durch die scheinbar viel zu enge Tordurchfahrt des Käfigturms zwängt.

› Marktgasse 67, Tram, Bus: Bärenplatz, www.polit-forum-bern.ch, Mo. 14–18, Di.–Fr. 10–18, Sa. 10–16 Uhr (nur während Ausstellungen), Eintritt frei

14 Bärenplatz ★★ [E5]

Der Bärenplatz ist die gute Stube Berns. Hier trifft man sich in einem der **Straßencafés** zum Plausch und schaut dem bunten Treiben zu oder geht auf dem **Markt** (s. S. 81) frisches Obst und Gemüse einkaufen. An der Südseite des Platzes spielen ältere Herren (Frauen werden hier praktisch nie gesichtet!) auf großen **Straßenschachbrettern** eine Partie – vor einer je nach Wetter durchaus beachtlichen Anzahl von Zuschauern.

Genau wie der auf der anderen Seite der Spitalgasse gelegene Waisenhausplatz 12 entstand der Bärenplatz Mitte des 13. Jh. bei der Erweiterung der Altstadt nach Westen hin. Die **Häuserzeile** zwischen Käfigturm 13 und Bundesplatz [E5] ist eine Fortsetzung der Gebäude auf dem Waisenhausplatz und folgt der leicht gebogenen Linie der früheren Stadtmauer. Die Berner nennen diese Häuserreihe **„Front"** – einerseits mit Blick auf die Form der Gebäude, die auch heute noch die ehemalige Stadtmauer erahnen lässt, andererseits möglicherweise als Anspielung auf die Kämpfe, die hier ausgefochten werden. Die an der „Front" gelegenen Lokale sind nämlich sehr beliebt bei Politikern aus dem nahe gelegenen Bundeshaus 15, und so mancher politische Kompromiss wurde wohl in hitzigen Diskussionen in einem der diskreten Hinterzimmer ausgehandelt.

Die legendäre „Front" auf dem Bärenplatz

043be-gk

Seinen Namen erhielt der Bärenplatz übrigens nach dem ersten Bärengraben, der 1513 hier eingerichtet wurde und nach mehreren Verlegungen 1857 an seine heutige Stelle an der Nydeggbrücke [H5] zog.

› Tram, Bus: Bärenplatz,

⑮ Bundeshaus ★★★ [E5]

Hier wird Politik gemacht: Im Bundeshaus sind die beiden Parlamentskammern der Schweiz und der Bundesrat, also die Regierung, ansässig. Der imposante Bau steckt voller sichtbarer und versteckter Symbolik und lässt sich am besten im Rahmen einer Führung erkunden.

„Unnütze Pracht und übertriebene Dimensionen“ sollten vermieden werden, hieß es 1850 in der Ausschreibung für die Errichtung eines Verwaltungsgebäudes für den zwei Jahre zuvor gegründeten Bundesstaat namens Schweizerische Eidgenossenschaft. Bis dato war die Schweiz ein Staatenbund unabhängiger Kantone gewesen, nun aber musste ein eigenes **Gebäude für die Bundesbehörden** her. Architekt Jakob Friedrich Studer hielt sich brav an die Vorgabe und schuf 1857 mit dem heute **Bundeshaus West** genannten Bau ein solides Gebäude im damals gängigen Rundbogenstil. Es passte genau zu einem Land, das gut verwaltet werden wollte, aber seine eigene nationale Identität noch nicht gefunden hatte.

Die Dinge änderten sich 1874, als infolge einer Verfassungsänderung Volk und Staat zulasten der bis dahin tonangebenden Kantone mehr Kompetenzen erhielten. Die Bundesverwaltung benötigte mehr Platz, zudem begann sich verstärkt das Bedürfnis nach einer **Schweizer Identität** herauszubilden. Neue Bauten mussten also her und die keine 25 Jahre zuvor an den Tag gelegte Bescheidenheit erschien inzwischen fehl am Platz. Die neue, erstarkte Eidgenossenschaft wollte sich selbst ein Denkmal setzen. In diesem Sinne kreierte Hans Wilhelm Auer zunächst 1892 das heutige **Bundeshaus Ost** und setzte 1894–1902 als krönenden Abschluss das Parlamentsgebäude zwischen die beiden Bundeshäuser.

044be-bt

Im Sprachgebrauch wird das gesamte Gebäudeensemble als Bundeshaus bezeichnet.

Sehenswertester Teil des Bundeshauses ist das **Parlamentsgebäude** mit der großen Kuppel, ein symbolträchtiger Tempel für den Schweizer Bundesstaat, der damals vor Idealen und Tatendrang nur so strotzte. Es gibt kaum ein Detail am Gebäude, das nicht irgendeine mehr oder weniger offensichtliche symbolische Bedeutung besitzt. Beim Bau bemühte man sich, ausschließlich Schweizer Baustoffe zu verwenden, was auch zu 95 Prozent gelang. Ferner waren ausnahmslos Schweizer Künstler, Unternehmen und Arbeiter an der Ausführung beteiligt.

Schon die **Fassade** zum Bundesplatz hin ist reichlich mit **allegorischen Statuen** verziert. Links und rechts der drei Eingänge erinnern zwei bronzene Geschichtsschreiber die eintretenden Abgeordneten an ihre historische Verantwortung. Eine Etage weiter oben sitzen, aus weißem Marmor gehauen, links die Allegorie der Freiheit mit der Jahreszahl 1291 (Jahr des Rütlischwurs) und rechts die des Friedens mit der Jahreszahl 1848 (Gründungsjahr der modernen Schweiz). Der quadratische Turm, auf dem der Helm der Kuppel aufsitzt, hat 22 Fenster, die die damals 22 Kantone symbolisieren. Die lateinische Inschrift „Curia Confoederationis Helveticae" bedeutet „Rathaus der Schweizerischen Eidgenossenschaft". Auf der Spitze des dreieckigen Tympanons wachen drei weitere allegorische Frauenfiguren, stehend die Helvetia mit der wehenden Fahne, flankiert von den beiden demokratischen Gewalten, der Legislative links und der Exekutive rechts. Tatsächlich sind mit dem Parlament und dem Bundesrat beide Gewalten im Bundeshaus ansässig, was in anderen Staaten mit Gewaltenteilung eigentlich unüblich ist. Der dritte Arm der Gewaltenteilung, die Rechtsprechung (Judikative), ist hingegen in Gestalt des Bundesgerichts nicht in Bern, sondern in Lausanne ansässig.

[Bild links] Die Kuppeln des Bundeshauses sind schon von Weitem sichtbar

Betritt man als **angemeldeter Besucher** das Bundeshaus durch den rückwärtigen Südeingang (nur Besucher im Rollstuhl dürfen den Eingang am Bundesplatz nutzen), geht das Symbol-Feuerwerk ungebrochen weiter. Die **Kuppelhalle** mit dem Treppenhaus hat den Grundriss eines Schweizerkreuzes und wirkt ausgesprochen sakral. Tatsächlich stellte sich Architekt Auer die hier hinaufschreitenden Parlamentarier als Priester der Nation vor. Auf dem Podest auf halber Treppe steht eine überdimensionale Statuengruppe, die die drei Eidgenossen Stauffacher, Fürst und von Melchthal beim **Rütlischwur** zeigt. Bewacht werden die grimmig dreinschauenden Gestalten von vier bronzenen Landsknechten auf den Treppenpfosten; sie stehen symbolisch für die vier Sprachgruppen der Schweiz.

Im ersten Stock befinden sich die Sitzungssäle der beiden Parlamentskammern sowie zahlreiche weitere Arbeits- und Repräsentationsräume. Hier bestimmen dunkle Holzvertäfelungen die Atmosphäre.

Im **Nationalratssaal** versammeln sich die 200 Abgeordneten, die alle vier Jahre vom Volk in einer Verhältniswahl von Parteilisten gewählt werden. Auffälligstes Element des Saales ist das monumentale Wandbild hinter

046be-bt

der Präsidiumstribüne mit dem Titel „Die Wiege der Eidgenossenschaft". Es zeigt die Bergwiese namens Rütli, wo 1291 die drei Eidgenossen mit dem Rütlischwur den Grundstein für die Entstehung der Schweiz gelegt haben sollen. Bundeshaus-Architekt Auer griff hier ganz tief in die Theatralik-Kiste: Vor dem Bild werden traditionell die Bundesräte, also die Mitglieder der Regierung, vereidigt und vollziehen so symbolisch den Rütlischwur nach.

Der mit dunklem Holz vertäfelte **Ständeratssaal** gegenüber ist deutlich kleiner. Die Bevölkerung jedes Kantons wählt alle vier Jahre – gleichzeitig mit der Nationalratswahl – je zwei der insgesamt 46 Ständeratsmitglieder (die ehemaligen „Halbkantone" je einen) in einer Personenwahl. Im Ständerat ist also jeder Kanton unabhängig von seiner Bevölkerungszahl mit der gleichen Anzahl Abgeordneten repräsentiert. Dennoch ist der Ständerat nicht etwa die Vertretung der Kantone oder gar deren Regierungen. Die Ständeräte sind in ihrem Abstimmungsverhalten genauso frei wie die Nationalräte, und auch im Ständerat gibt es Fraktionen entlang der Parteigrenzen. Nationalrat und Ständerat sind gleichberechtigt, und jedes Gesetz bedarf der Zustimmung beider Kammern.

Ein besonders sehenswerter Raum des Bundeshauses ist die helle **Wandelhalle** hinter dem Nationalratssaal. Hier diskutieren die Abgeordneten am Rande von Sitzungen, hier treffen sie Lobbyisten, Pressevertreter und Bürger oder machen eine kleine Pause. Der Raum ist stolze 44 Meter lang. An den Decken prangen Fresken, die die vermeintlichen Tugenden des Staates zeigen: Weisheit, Wahrheit, Patriotismus, Barmherzigkeit, Gerechtigkeit und Wohlstand.

Auf dem Bundesplatz vor dem Bundeshaus erfreut im Sommer ein kinetisches **Wasserspiel** mit 26 Fontänen, die für die 26 Kantone stehen, kleine und große Wasserratten. Im Winter verwandelt sich der Bundesplatz in eine Kunsteisbahn mit Schlittschuhverleih. Von der Bundesterrasse auf der Südseite des Bundeshauses hat man einen herrlichen Blick auf Aare und Alpen.

Das Bundeshaus kann außerhalb der fünfmal im Jahr anberaumten Sitzungsperioden (Sessionen) im Rahmen einer **Führung** besichtigt werden. Die Führungen dauern rund 60 Minuten, sind kostenlos und bedürfen einer Anmeldung. Während der Sitzungen werden keine Führungen angeboten, man kann aber (als Einzelperson ohne Anmeldung) von der Zuschauertribüne aus die Sitzungen der Räte verfolgen, was eine durchaus interessante Erfahrung sein kann. In jedem Fall muss für die Dau-

Das Bundeshaus (15) ist das Herz der Schweizer Politik

Direkte Demokratie – Vorbild oder Negativbeispiel?

Im Allgemeinen wird die Schweiz im Ausland als Musterbeispiel für einen demokratischen Staat gesehen. Tatsächlich wirkt es sehr reizvoll, dass die Bürger auch zu Detailaspekten der Gesetzgebung befragt werden, während beispielsweise in Mitgliedsstaaten der Europäischen Union mehr und mehr Entscheidungskompetenzen an den vermeintlich undurchsichtigen Bürokratieapparat in Brüssel abgegeben werden.

Ohne Zweifel ist der Schweizer Staat hier einen Schritt weiter, denn im Gegensatz zu „Brüssel", „Berlin" und „Wien" sieht er die Meinungsäußerung seiner Bürger nicht als potenzielle Bedrohung und Sand im Getriebe des politischen Betriebs an, sondern als eine der notwendigen Säulen eines funktionierenden Gemeinwesens. Die verschiedenen Abstimmungsverfahren spiegeln zudem den Spagat zwischen Tradition und Moderne, den das Land an vielen Ecken und Enden vollführt. So stehen im Berner Bahnhof bei jeder Abstimmung Urnen für die Pendler zur Verfügung, in manchen Kantonen kann sogar online abgestimmt werden. Andere Kantone praktizieren wiederum nach wie vor die sog. Landsgemeinde, bei der sich alle wahlberechtigten Bürger einmal im Jahr unter freiem Himmel versammeln, um per einfachem Handzeichen über kantonale Angelegenheiten abzustimmen.

Doch die direkte Demokratie hat auch ihre Schattenseiten, denn es ist mitnichten so, dass „das Volk" – oder besser gesagt die Mehrheit – immer Recht haben muss. Auch bei Volksabstimmungen in der Schweiz lassen sich durch Demagogen aufgewiegelte Bürger immer wieder zu Abstimmungsergebnissen hinreißen, die sich im Nachhinein als absurd, menschenfeindlich oder schlicht nicht umsetzbar erweisen. Vorreiterin ist hier die rechtspopulistische Schweizerische Volkspartei (SVP), die im Schnitt einmal im Jahr unter wechselnden Slogans ausländerfeindliche Volksinitiativen lanciert, von denen je nach politischer Großwetterlage ab und zu auch eine angenommen wird. Dabei ist das Ergebnis sogar zweitrangig für die SVP. Viel wichtiger ist es ihr, dass sie auf diese Weise das für die Partei überlebenswichtige Thema „Ausländer" ständig auf der politischen Tagesordnung hält.

Andererseits zeigen die Schweizer in wirtschaftlichen Fragen eine erstaunliche, von außen betrachtet teilweise schwer verständliche Nüchternheit an den Wahlurnen. So werden auf kantonaler Ebene in schöner Regelmäßigkeit Steuersenkungen abgelehnt, und auch für Ideen wie „6 Wochen bezahlter Urlaub für alle", die Beschränkung von Managergehältern oder etwa die Senkung von Arzneimittelpreisen fanden sich in der Vergangenheit keine Mehrheiten.

Alles in allem gehören Volksabstimmungen zum Selbstverständnis der Eidgenossenschaft dazu und niemand im Land denkt daran, sie durch Quoren einzuschränken oder ihre Ergebnisse einfach zu missachten – Mehrheit ist Mehrheit, und das allein zählt. Dennoch wäre es verkehrt, die direkte Demokratie als Allheilmittel oder romantisch-urtümliche Form einer vermeintlich gerechten Volksherrschaft zu verklären. Die Abstimmungen in der Schweiz sind vielmehr ein ganz normaler Baustein der für unsere Zeit typischen, über Massenmedien vermittelten Demokratie und ein politischer Schauplatz, an dem mit genauso harten Bandagen gekämpft wird wie im Parlament, im Wahlkampf oder bei einer Demonstration.

Bern und seine Brücken

Lange Zeit konnte man die Aare in Bern nur an einer Stelle überqueren: über einen hölzernen Steg an der Spitze der Aarehalbinsel, gut bewacht von der Burg Nydegg. Letztere verschwand schon bald nach der Stadtgründung, der Übergang jedoch blieb und wurde zur **Untertorbrücke** [H4] ausgebaut, zunächst aus Holz, 1487 dann aus Stein. Sie hat die Zeiten überstanden und ist auch heute noch im Dienst, wenn auch mit deutlich weniger Verkehrsaufkommen als früher. Grund dafür ist die 1844 in unmittelbarer Nachbarschaft fertiggestellte **Nydeggbrücke** [H5], die hoch oben über dem Fluss den meisten Verkehr aus der Altstadt in Richtung Kirchenfeldquartier und Wankdorf leitet.

Knapp 40 Meter über der Aare spannen sich zwei spektakulär anzusehende Eisenkonstruktionen: die **Kornhausbrücke** [F4] zwischen Kornhausplatz 10 und Kursaal sowie die **Kirchenfeldbrücke** [F5], die den Casinoplatz mit dem Helvetiaplatz verbindet. Beide wurden während des Baubooms zu Zeiten der Industrialisierung Ende des 19. Jahrhunderts errichtet. Die schwindelerregende Höhe lässt zarter besaitete Zeitgenossen beim Blick in die Tiefe erschaudern. Die Gitternetze und die Tafeln mit den Rufnummern der Telefonseelsorge („Die Dargebotene Hand") sind nicht von ungefähr an den Geländern angebracht – die beiden Brücken sind bevorzugtes Ziel von Selbstmördern.

Neueren Datums sind die **Lorrainebrücke** [E3] beim Bahnhof und die **Monbijoubrücke** [E7] südlich der Altstadt. Von letzterer genießt man einen besonders schönen Blick auf das Bundeshaus 15, und wenn man sich umdreht, blickt man direkt auf den Berner Hausberg, den Gurten (s. S. 87).

Die Untertorbrücke [H4] ist die älteste Brücke der Stadt

045be-gk

er des Besuchs am Eingang ein Ausweis abgegeben werden.

› Bundesplatz, Bus: Bundesplatz, www.parlament.ch, Führungen: außerhalb der Sitzungen Di.–Sa. 15 Uhr, zusätzlich Sa. um 16 Uhr auf Englisch, Anmeldung online frühestens drei Tage im Voraus unter www.parlament.ch; während der Sessionen Zugang zu den Zuschauertribünen der Sitzungssäle ohne Anmeldung, Eintritt frei

16 Heiliggeistkirche ★ [D5]

Die 1726–1729 erbaute Heiliggeistkirche ist eine **architekturgeschichtliche Besonderheit.** Der von reichhaltigen Verzierungen und Schnörkeln geprägte Barockstil stammt nämlich aus dem katholischen Kontext und ist besonders in katholisch geprägten Gegenden verbreitet. Im Fall der Heiliggeistkirche jedoch wurde er auf die Bedürfnisse einer reformierten Kirchengemeinde angepasst.

Am auffälligsten wird dies anhand der Tatsache, dass die Heiliggeistkirche keinen Chor hat, sondern als **rechteckiger Betsaal** ausgeführt ist. Nicht etwa der Altar, sondern die **schmuckvolle Kanzel** steht im Mittelpunkt der Stirnseite. Diese Anordnung wird der Konzentration des reformierten Gottesdienstes auf das Bibelwort gerecht. Sehenswert ist auch die reich verzierte Decke. Von 1829 bis 1830 diente der später unter dem Namen Jeremias Gotthelf als Schriftsteller bekannt gewordene Albert Bitzius (s. S. 44) als Vikar an der Kirche. In heutigen Zeiten nimmt die Heiliggeistgemeinde den Standort der Kirche unmittelbar am Bahnhof sehr ernst. Man will Durchreisenden, Obdachlosen, illegalen Migranten und allen anderen, die sich kurz oder länger, freiwillig oder gezwungenermaßen am Bahnhof aufhalten, eine Oase der Besinnung und der Zuflucht sein. Hierfür bieten die ehrenamtlichen Mitarbeiter des **Projektes „Offene Kirche“** jedem Besucher ein offenes Ohr und eine warme Tasse Kaffee an. Außerdem finden regelmäßig Ausstellungen, Diskussionsabende und Konzerte statt.

› Spitalgasse 44, Tram, Bus: Bahnhof, www.offene-kirche.ch, www.heiliggeist.refbern.ch, Di.–Fr. 11–18.30, So. 13–17 Uhr, Eintritt frei

KURZ & KNAPP

Der Christoffelturm

Auch bei der zweiten großen Etappe der Stadterweiterung 1345 wurde ein neues zentrales Stadttor gebaut, der Christoffelturm. Doch während Zytglogge 1 und Käfigturm 13, die in früheren Stadien der Stadtentwicklung die gleiche Funktion inne hatten, die Wirren der Geschichte überstanden haben, wurde der Christoffelturm 1865 im Interesse einer Erweiterung der Altstadt abgerissen. Die Entscheidung fiel bei der entsprechenden Volksabstimmung mit vier Stimmen Unterschied denkbar knapp aus. Reste des Turms sind in der Bahnhofsunterführung beim Kaufhaus Loeb (s. S. 87) zu sehen.

Spiritueller Zufluchtsort am Bahnhof: die Heiliggeistkirche

083be © Andrey Shevchenko

Entdeckungen außerhalb der Altstadt

Die Gebiete außerhalb der Aarehalbinsel sind erst im 19. Jh. bebaut worden und unterscheiden sich aus diesem Grund von ihrer Atmosphäre her deutlich von der Altstadt. Obwohl es sich hauptsächlich um Wohnviertel handelt, versteckt sich hier durchaus die eine oder andere Sehenswürdigkeit. Darüber hinaus bietet ein Spaziergang spannende Einblicke in den Alltag der Berner.

17 Länggasse ★ [B3]

Die oberhalb des Bahnhofs gelegene Länggasse ist das **Studentenviertel Berns.** Verstreut im Quartier findet sich die überwiegende Mehrheit der Universitätsgebäude, und viele der rund 20.000 Studenten haben hier ihre Bleibe. Direkt beim Eingang des Viertels liegt über dem Bahnhofskomplex auf dem Gelände der Großen Schanze, eines Teils der ehemaligen Stadtbefestigung, das **Hauptgebäude der Universität**, ein klassizistischer Repräsentationsbau aus dem Jahr 1903. Von hier aus hat man einen tollen Blick über die Altstadt und den Gurten (s. S. 87) bis hin zu den Alpen. Die ehemalige Schokoladenfabrik Tobler (Herstellerin der berühmten Toblerone) wurde 1993 zu einem zentralen Universitätsgebäude mit Namen **Unitobler** umgebaut. Die mehrfach preisgekrönte Anlage ist während des Semesters frei zugänglich und für Architekturfans recht sehenswert.

047be-gk

Hauptschlagader des Quartiers ist die Länggassstrasse mit zahlreichen kleinen Geschäften und schönen Cafés. Das rosafarbene Mietshaus im historisierenden Zuckerbäckerstil an der Ecke Länggassstrasse/Hallerstrasse heißt im Volksmund nicht ganz zu unrecht **„Palazzo Prozzo“.**

Die **Pauluskirche** ist eine hochinteressante, auch im Innern im Originalzustand erhaltene Jugendstilkirche. Sie wurde 1905 geweiht und gilt als bedeutendster sakraler Jugendstilbau der Schweiz. An der Fassade zeigt ein großes Relief den Apostel Paulus mit Schwert. Der Innenraum ist einer antiken Theaterbühne nachempfunden. Sehr sehenswert sind auch die Jugendstillüster im Kirchenraum.

★1 [C4] **Palazzo Prozzo,** Hallerstr. 1, Bus 20: Universität. Ganz und gar unbernisch ist das Gebäude auf der Ecke Länggassstrasse/Hallerstrasse.

★2 [B3] **Unitobler,** Länggassstr. 49 a, Bus 20: Unitobler, www.unibe.ch

★3 [B3] **Pauluskirche,** Freiestr. 8, Bus 20: Mittelstrasse, www.pauluskirche.ch

18 Lorraine ★ [E2]

Was Kreuzberg für Berlin ist, ist in kleinerem Maßstab die Lorraine (auf Berndeutsch zumeist Lor-reh-nä gesprochen) für Bern. In dem Stadtteil lebt eine bunte Mischung von Menschen, die nach alternativen Lebensformen suchen, sowie aus Arbeiterfamilien und Migranten. Bei einem Bummel durch die Lorrainestrasse und ihre Querstraßen entdeckt man immer wieder **besondere Läden und gemütliche, politisch angehauchte Cafés**, in denen bestimmt wieder gerade jemand die Welt verändert. Besonders schön sind das Du Nord (s. S. 65), das Café Kairo (s. S. 72) und natürlich die legendäre Brasserie Lorraine (s. S. 64). Einen hohen Kultfaktor besitzt auch das **Lorrainebad** (s. S. 118), die betont unschicke Alternative zum weithin bekannten Marzili-Freibad (s. S. 118).

Doch auch die Problematik der zunehmenden **Gentrifizierung** wird in der Lorraine sichtbar. So hatte eine Anwohnerinitiative rund 10 Jahre lang gegen ein Luxus-Bauprojekt auf einem Grundstück am Centralweg gekämpft und konnte immerhin erreichen, dass ein Teil der Wohnungen sozial benachteiligten Menschen zur Verfügung gestellt wird. Der Siedlungsdruck auf die Stadt und die rasante Steigerung der Mietpreise bleiben jedoch bestehen, und die Lorraine ist das letzte zentral gelegene Viertel Berns, in dem Menschen mit geringem Einkommen noch bezahlbare Wohnungen finden.

› Bus 20: Gewerbeschule oder Lorraine, www.laebigi-lorraine.ch

Nomen est omen: der Palazzo Prozzo in der Länggasse

Mein Tipp

Fußballtempel an geschichtsträchtigem Ort

Östlich der Lorraine liegt das **Stade de Suisse**, eine 2005 fertiggestellte Multifunktionsarena. An der selben Stelle stand bis 2001 das alte **Wankdorfstadion**, in dem sich das viel zitierte und von Sönke Wortmann 2003 verfilmte „Wunder von Bern" ereignete: Im Finale der Fußball-Weltmeisterschaft 1954 besiegte die Nationalmannschaft der BRD das hoch favorisierte Team Ungarns überraschend mit 3 : 2. Das Wahrzeichen des alten „Wankdorf", die große, analoge Stadionuhr, wurde beim Abriss gerettet und steht heute auf dem Platz vor dem Stadion. Im Stade de Suisse mühte sich lange der BSC Young Boys in den Niederungen der Schweizer Super League – bis zu einem neuerlichen Wunder von Bern: Völlig überraschend wurde „YB" 2018 nach 32 Jahren wieder einmal Meister und löste den übermächtig scheinenden FC Basel an der Spitze des Schweizer Fußballs ab. Seitdem holte der Verein in fast jeder Saison den Meistertitel und qualifiziert sich regelmäßig für internationale Wettbewerbe, u. a. zweimal für die Champions League.

•4 [df] **Stade de Suisse**, Papiermühlestrasse 71, Tram 9: Wankdorf Center, Führungen: nach Voranmeldung mind. 7 Tage vorher, Sa. 15 Uhr, Eintritt: 20 SFr (ermäßigt 15 SFr, Familien mit bis zu 3 Kindern 50 SFr). Besser jedoch: Ein Spiel der Young Boys besuchen.

084be © uslatar, stock.adobe.com

048be-bt

⑲ Zentrum Paul Klee ★★★ [eh]

Das Zentrum Paul Klee ist der Leuchtturm schlechthin in der Berner Kultur- und Museumslandschaft. Der italienische Architekturstar Renzo Piano schuf 2005 an einem an sich wenig reizvollen Standort direkt neben der Autobahn ein hochspannendes Gebäude, das ausschließlich dem Lebenswerk Paul Klees gewidmet ist. Die drei Wellen aus Glas und Stahl fügen sich überraschend harmonisch in die hügelige Landschaft ein. In den luftigen Ausstellungsräumen zeigt das ZPK unter wechselnden Mottos Werke Klees, der zwar deutscher Staatsbürger war, aber im Kanton Bern geboren wurde und mehr als die Hälfte seines Lebens hier verbracht hat. Insgesamt besitzt das Museum 4000 Werke und damit die weltweit bedeutendste Sammlung des expressionistischen Malers. Das Angebot wird durch zeitgenössische Wechselausstellungen mit Bezug zu Klee sowie das hervorragende museumspädagogische Angebot namens **Creaviva** (s. S. 114) abgerundet. Aus der Altstadt kann man auf einem Netz aus Fußwegen zum ZPK spazieren. Um den Bezug zur Umgebung und zur Stadt herzustellen, tragen die Wege als Straßennamen treffende Titel von Klee-Bildern (so lautet zum Beispiel die offizielle Adresse des ZPK, das inmitten von Ackerflächen liegt, „Monument im Fruchtland 3") und verweisen auf diese Weise auf das Museum.

› Monument im Fruchtland 3, Bus 12: Zentrum Paul Klee, Tel. 031 3590101, www.zpk.org, Di.–So. 10–17 Uhr, Eintritt: 20 SFr (Rentner 18 SFr, Studenten 10 SFr, Kinder und Jugendliche 6–16 Jahre 7 SFr)

⌃ Architektonisches Highlight: das Zentrum Paul Klee

› Das Emmental ist bekannt für seine idyllische, hügelige Landschaft

Entdeckungen in der Region

Emmental

Alles Käse? Weit gefehlt: Das Emmental bietet seinen Besuchern herrliche Landschaften, schöne Städtchen und kulinarische Leckerbissen.

Charakteristisch für das von Bern aus sowohl mit den öffentlichen Verkehrsmitteln als auch mit dem Auto gut erreichbare Emmental sind die gewellte, **hügelige Landschaft** mit ihren saftigen grünen Wiesen und die stattlichen **Bauernhäuser** mit ihren gewaltigen Walmdächern. Die Einwohner der Gegend gelten als noch brummiger und verschrobener als die übrigen Berner, aber wer hierhin kommt und sich auf sie einlässt, wird feststellen, dass sich unter der rustikalen Schale zumeist ein herzlicher Kern verbirgt.

Das Emmental ist eine ideale Gegend für ausgedehnte **Wanderungen** und **Radtouren**, aber auch **Kulturliebhaber** kommen in der östlich von Bern gelegenen Region auf ihre Kosten. Unterwegs laden in praktisch jeder Ortschaft traditionelle **Gasthäuser** zu einem herzhaften Mahl ein.

⑳ Burgdorf ★★ [S. 142]

Die Stadt mit rund 16.000 Einwohnern gilt als Tor zum Emmental und ist wie Bern eine Gründung der Zähringer (s. S. 94). Hoch oben über der Stadt thront das **Schloss Burgdorf**, die am besten erhaltene zähringische Burganlage. Das Schloss beherbergt ein interessantes Museum mit ethnografischen und ortshistorischen Exponaten sowie einer Ausstellung zum Leben und Wirken Johann Heinrich Pestalozzis. Der Schlosshof ist ganztägig zugänglich.

Die unterhalb des Schlosses gelegene **Altstadt** mit ihren Barockhäusern ist sehr sehenswert.

Von internationalem Rang ist das von einem Burgdorfer Unternehmer finanzierte **Museum Franz Gertsch.** Franz Gertsch (1930–2022), der im Seeland (s. S. 46) geboren wurde und in der Gantrischregion lebte, gehörte zu den wichtigsten Gegenwartskünstlern der Schweiz. Bekannt wurde er durch seine großformatigen, fotorealistischen Gemälde und seine Holzschnitte.

049be-bt

★5 **Schloss Burgdorf**, Schlossgässli 1, www.schloss-burgdorf.ch, April–Okt. tägl. 10–18, Nov.–März Mi.–So. 10–18 Uhr, Eintritt: 14 SFr (Kinder und Jugendliche 6–16 Jahre 6 SFr)

6 **Museum Franz Gertsch**, Platanenstr. 3, www.museum-franzgertsch.ch, Di.–Fr. 10–18, Sa./So. 10–17 Uhr, Eintritt: 16 SFr (ermäßigt 12 SFr)

› **Anfahrt:** Zug von Bern viermal pro Stunde, Fahrzeit ca. 15 Minuten

21 Gotthelf Zentrum Emmental ★★ [S. 142]

Hier dreht sich alles um den **legendären Erzähler** aus dem Emmental, **Jeremias Gotthelf.** Eigentlich hieß er **Albert Bitzius** und war hauptberuflich zwischen 1832 und 1854 Pfarrer in Lützelflüh. Am Originalschauplatz seines Alltagslebens, dem Lützelflüher Pfarrhaus, wird eine Ausstellung über das Leben und Wirken Gotthelfs und seiner Familie gezeigt. Zugleich erfährt man Interessantes über die Lebensumstände im bäuerlichen Emmental des 19. Jh., über das auch Gotthelf in seinen Romanen schreibt. Wechselausstellungen runden das Angebot ab. Die Ausstellungen des 2012 eröffneten Gotthelf Zentrums sind betont luftig gestaltet und lassen den Besuchern Zeit und Raum, sich auch einmal hinzusetzen und gewissermaßen „vor Ort" in einem Werk Gotthelfs zu blättern.

› Rainbergliweg 2, Lützelflüh, Tel. 034 4614383, www.gotthelf.ch, Anfang April–Anfang Nov. Di.–So. 13.30–17 Uhr, Eintritt: 12 SFr (Studenten und Rentner 10 SFr, Kinder ab 7 Jahren 4 SFr)

› **Anfahrt:** Zug nach Lützelflüh-Goldbach (Abfahrt von Bern zweimal pro Stunde, Fahrzeit ca. 35 Minuten)

22 Emmentaler Schaukäserei ★★★ [S. 142]

In der Schaukäserei ist man live mit dabei, wenn der weltberühmte Emmentaler hergestellt wird.

Hier kommt er her, der original Emmentaler Käse! Die Emmentaler Schaukäserei ist nicht etwa ein Freilichtmuseum, sondern eine echte Käserei. Der einzige Unterschied: Man darf den Käsern bei der Arbeit über die Schulter schauen. Am besten tut man dies sonntags um 16 Uhr, denn da wird der gewaltige, nach traditioneller handwerklicher Methode hergestellte Käselaib aus dem sogenannten **Kessi** gehoben, einem

Hoch oben über dem Städtchen thront das Schloss Burgdorf

großen Bottich, der den Mittelpunkt einer jeden Emmentaler Käserei darstellt. Dazu kommentieren die Käser ihre jeweilige Tätigkeit für die Zuschauer. Vormittags um 10 Uhr kann man zuschauen, wie der Emmentaler heutzutage auf modernen Maschinen produziert wird. Das ist zwar weniger romantisch als das handwerkliche Rühren im Kessi, ist aber deutlich realistischer: Emmentaler ist einer der Exportschlager der Schweiz, rund 10.000 Tonnen werden jährlich ins Ausland verkauft, mit zunehmender Tendenz nach Asien. Um das begehrte AOC-Label „Schweizer Emmentaler" zu erhalten, muss ein Käse eine ganze Reihe strenger Vorgaben erfüllen, bis hin zur richtigen Größe der Löcher.

In der Schaukäserei erfahren die Besucher selbstverständlich auch, wie die Löcher in den Emmentaler kommen. Neben der eigentlichen Besichtigung, die „Königsweg" genannt wird, kann man beim einstündigen Frischkäse-Workshop den Herstellungsprozess aus erster Hand kennenlernen. Ein sehr gutes Restaurant mit regionalen Spezialitäten und ein Käsefachgeschäft runden das Angebot ab.

› Schaukäsereistr. 6, Affoltern im Emmental, Tel. 034 4351611, www.e-sk.ch, täglich 9–17 Uhr, Eintritt: Königsweg 16 SFr (Jugendliche 12–17 Jahre 8,50 SFr, unter 12 Jahren frei), Frischkäse-Workshop 12 SFr (Jugendliche 12–17 Jahre 6 SFr, unter 12 Jahren frei), Kombiticket für beides 20,50 SFr (Jugendliche 12–17 Jahre 11,50 SFr, unter 12 Jahren frei)

MEIN TIPP

Emmental für Aktive

Das Emmental ist mit seinen sanften Hügeln, romantischen Tälern und den tollen Ausblicken auf Jura und Alpen ein ideales Revier für Wanderer und Radfahrer. Mehrere Hundert Kilometer ausgeschilderte Routen sorgen für die richtige Orientierung. Eine besonders attraktive Wanderung führt auf die **höchste Erhebung des Emmentals,** den 1408 Meter hohen **Napf** an der Grenze zum Kanton Luzern. Von hier hat man bei guter Sicht einen herrlichen Blick auf die Berner Alpen, ein uriges Bergrestaurant lädt zur Einkehr. Radfahrer schätzen die beiden Emmentaler Etappen des Radwanderwegs „Herzroute" von Langnau nach Burgdorf (20) bzw. von Burgdorf nach Willisau. An allen Etappenorten kann man Fahrräder und E-Bikes ausleihen.

Grundsätzlich kann man aber mit der entsprechenden Ausrüstung an jedem beliebigen Bahnhof losgehen oder -radeln. Die gelben **Wanderwegeschilder** und die rote Signalisierung für Radfahrer sorgen für die sichere Rückkehr und tolle Landschaftserlebnisse unterwegs. Infos und Routenplaner unter: www.bernerwanderwege.ch, www.veloland.ch, www.herzroute.ch.

051be-bt

Das Mountainbike ist ideal, um das Emmental zu entdecken

› **Anfahrt:** Bus 471 nach Affoltern Dorf (Abfahrt vom Bahnhof Hasle-Rüegsau einmal pro Stunde zur Minute: 02, Fahrzeit ca. 15 Minuten; Anfahrt nach Hasle-Rüegsau viermal pro Stunde aus Bern)

Murten und das Seeland

Die westlich von Bern gelegene Region Seeland erstreckt sich mitten auf der deutsch-französischen Sprachgrenze. Die reizvolle Landschaft und die sympathische Mischung aus Berner Gemütlichkeit und Westschweizer convivialité machen die Gegend zu einem lohnenswerten Ausflugsziel.

Wer mehr als nur einen oder zwei Tage in Bern verbringt, sollte dem Seeland unbedingt einen Besuch abstatten. Am einfachsten lässt sich die Region rund um Murtensee, Bielersee und Neuenburgersee mit dem Auto oder – dank einem gut ausgebauten Radwegenetz – mit dem Fahrrad erkunden. Mit dem Zug erreicht man die Städte Murten 23, Biel 27 und Neuenburg (Neuchâtel) 25 in einer guten halben Stunde. Eine besonders genussvolle Art der Fortbewegung bietet das Schiff: Die **Bielersee-Schifffahrts-Gesellschaft** (www.bielersee.ch) und die **Navigation Lacs de Neuchâtel et Morat** (www.navig.ch) bieten verschiedene Kursschiffe an – unter anderem auch die große Drei-Seen-Rundfahrt, die möglich ist, weil die Seen durch ein Kanalsystem miteinander verbunden sind. Die Ufer aller drei Seen sind größtenteils frei zugänglich und bieten zahlreiche Bademöglichkeiten mit schönen Liegewiesen.

23 Murten ★★★ [S. 142]

Die kleine Stadt Murten lockt mit einer der am besten erhaltenen Altstädte der Schweiz, dem schönen Murtensee und einer herrlichen Landschaft mit vielen Freizeitmöglichkeiten.

Die alte Stadt mit rund 6500 Einwohnern ist ein richtiges Schmuckkästchen. Die **historische Altstadt** ist mitsamt **Stadtbefestigung** komplett erhalten. Murten wurde zwischen 1157 und 1177 von den Zähringern gegründet. In deutlich kleinerem Maßstab als in Bern (die Murtner Altstadt ist nur 300 x 200 Meter groß) kann man auch hier noch den typisch zähringischen Grundriss mit den rechtwinklig angeordneten Gassen erkennen. Die Hauptgasse mit dem turmartigen Berntor wird von schönen Barockhäusern mit Lauben gesäumt. Das Haus Hauptgasse 16 ist noch in spätgotischem Stil gehalten und besonders sehenswert. In der parallel zur Hauptgasse angelegten Deutschen Kirchgasse kann man auf die Stadtmauer hochsteigen. Von hier genießt man einen tollen Blick

052be ©bill_17, stock.adobe.com

über das Dächergewirr der kleinen Stadt. Am Nordostende der Stadtmauer steht die Deutsche Kirche, in deren Pfarrhaus 1797 der später unter dem Pseudonym Jeremias Gotthelf (s. S. 44) bekannt gewordene Schriftsteller Albert Bitzius geboren wurde. Auf dem kleinen Platz vor der Kirche steht heute eine Statue Gotthelfs. Auf der anderen Seite der Altstadt steht das um 1750 erbaute Schloss, von dessen Hof aus man einen wunderschönen Blick über den Murtensee hat. Hier finden im Sommer auch Konzerte statt. In einer alten Mühle unterhalb des Schlosses kann man das kleine Stadtmuseum mit einer alten Ölmühle sowie Waffen und Uniformen des 15. Jh. besichtigen.

Unterhalb der Altstadt liegt der Murtensee, der viele Wassersport- und Bademöglichkeiten bietet. Die Umgebung ist auch ein schönes Revier für Radfahrer und Inlineskater. Jährlicher Höhepunkt ist das **SlowUp** (www.slowup.ch/murtensee). Jedes Jahr werden an einem Sonntag im April die Straßen rund um den See für Autos gesperrt und gehören dann nur den nicht motorisierten Verkehrsteilnehmern.

› **Anfahrt:** Zug nach Murten/Morat (Abfahrt von Bern zweimal pro Stunde, Fahrzeit ca. 35 Minuten)
› www.regionmurtensee.ch

24 Papiliorama ★★ [S. 142]

Mitten auf einem Feld am Rand der zwischen Bern und Murten 23 gelegenen Gemeinde Kerzers stehen drei kuppelförmige Gebäude, die man auf den ersten Blick für eine militärische Abhöranlage oder ähnliches halten könnte. Mitnichten: es handelt sich um das Papiliorama, einen **Privatzoo**, der sich auf **tropische Schmetterlinge** und **Vögel** spezialisiert hat. Einer der Bauten beherbergt über 70 Arten von Schmetterlingen, die sich in dem schwül-warmen Klima wie zu Hause in den Tropen fühlen können. In der zweiten Halle wurde ein komplettes Stück **Regenwald** aus Belize nachgestellt (das Original in Belize wurde von einer dem Papiliorama nahe stehenden Stiftung gekauft und unter Schutz gestellt). Hier können die Besucher faszinierende Vögel, Reptilien und Säugetiere aus nächster Nähe beobachten. Käfige wie in herkömmlichen Zoos gibt es nicht. Das dritte Gebäude ist das **Nocturama**, wo durch besondere Lichtverhältnisse dämmerungs- und nachtaktive Schlangen, Affen und andere Tiere zu sehen sind.

› Moosmatte 1, Kerzers, Tel. 031 7560461, www.papiliorama.ch, während der Sommerzeit tägl. 9–18, während der Winterzeit tägl. 10–17 Uhr, Eintritt: 19 SFr (Schüler, Studenten und Rentner 16 SFr, Kinder und Jugendliche 4–15 Jahre 9,50 SFr)
› **Anfahrt:** Zug nach Kerzers Papiliorama (Abfahrt von Bern zweimal pro Stunde, Umsteigen in Kerzers oder Lyss, Fahrzeit ca. 35 Minuten)

25 Neuenburg (Neuchâtel) ★★ [S. 142]

Neuenburg, malerisch am gleichnamigen See gelegen, verströmt mehr als nur einen Hauch von französischer Lebensart. An manchen Ecken der rund 33.000 Einwohner zählenden Stadt fühlt man sich fast wie in einer französischen Großstadt. Umso überraschender ist die Tatsache, dass Neuenburg mit kleinen Un-

Blick vom See: die Murtner Altstadt ist komplett erhalten

terbrechungen von 1707 bis 1857 zu Preußen gehörte und sich erst nach einer veritablen republikanischen Revolution der Schweiz anschließen konnte. Noch heute heißt der Kanton mit vollem Namen stolz République et Canton de Neuchâtel.

Die zwischen Seeufer und Bahnlinie gelegene **Innenstadt** lädt zu einem gemütlichen Bummel und einer Tasse Kaffee in einem der vielen Straßencafés ein. Auffallend ist, dass die Gebäude im Gegensatz zum Berner Grüngrau durchgehend in einem gelblichen Ton gehalten sind, denn das entspricht der Farbe des Sandsteins, der hier in der Gegend abgebaut wird. Besonders sehenswert ist die **Stiftskirche** (Rue de la Collégiale 3) oberhalb der Innenstadt, eine romanisch-gotische Kirche aus dem 12. Jahrhundert. Zu beachten sind vor allem das Grabmal der Fürsten von Neuenburg im Chor und die wie ein Sternenhimmel bemalte Decke. An jedem 3. oder 4. Sonntag im Monat findet um 11.15 Uhr ein Orgelkonzert statt (statt Eintritt wird eine Kollekte erhoben). Auf dem Platz vor der Kirche steht eine dramatische Statue des heißblütigen Predigers Guillaume Farel, der maßgeblichen Anteil an der Reformation in Neuenburg hatte.

Das Schloss überragt die Neuenburger Altstadt 25

085be © Bogdan Lazar, stock.adobe.com

Neben der Stiftskirche erhebt sich das **Schloss**, einst Sitz der Fürsten, heute der Kantonsregierung. Der schöne Innenhof ist frei zugänglich.

Im **Musée d'Art et d'Histoire** am Hafen sind drei funktionsfähige Roboter der Brüder Jaquet-Droz aus dem 18. Jh. zu sehen.

Literaturliebhaber pilgern ins **Centre Dürrenmatt** oberhalb vom Bahnhof. Im ehemaligen Wohnhaus Friedrich Dürrenmatts sind die hervorragenden Zeichnungen und Gemälde des Schriftstellers ausgestellt. Auch die mit eigenen Fresken gestaltete Toilette Dürrenmatts ist zu sehen, die er „Sixtinische Kapelle“ getauft hatte. Darüber hinaus dient das Centre Dürrenmatt als Veranstaltungsort für Lesungen und Konzerte.

M 7 **Musée d'Art et d'Histoire,** Esplanade Léopold-Robert 1, www.mahn.ch, Di.–So. 11–18 Uhr, Eintritt: 12 SFr, ermäßigt 4 SFr

M 8 **Centre Dürrenmatt,** Pertuis-du-Sault 74, www.cdn.ch, Mi.–So. 11–17 Uhr, Eintritt: 8 SFr, ermäßigt 5 SFr

› **Anfahrt:** Zug nach Neuchâtel (Abfahrt von Bern zweimal pro Stunde, Fahrzeit ca. 40 Minuten)

› www.neuchateltourisme.ch

26 Laténium ★★ [S. 142]

Das Laténium ist ein interessantes **Archäologiemuseum**, das Exponate aus der Zeit von den Pfahlbauern des Neolithikums bis zum Römischen Reich zeigt. Schwerpunkt ist die vom 5. bis 1. Jh. v. Chr. in ganz Mitteleuropa anzutreffende keltische La-Tène-Kultur, deren namensgebender Referenzfundort La Tène sich nur wenige Hundert Meter vom heutigen Museum entfernt befindet. Das Museum legt großen Wert auf eine zeitgemäße, ästhetisch wie didaktisch ansprechende Gestaltung der Ausstellungen. Der Archäologiepark rund um das Museum ist frei zugänglich und zeigt Modelle der hier gefundenen Pfahlbauten.

- Espace Paul Vouga, Hauterive, Tel. 032 8896917, www.latenium.ch, Di.–So. 10–17 Uhr, Eintritt: Museum: 9 SFr (Studenten und Rentner 5 SFr, Kinder und Jugendliche 7–16 Jahre 4 SFr, Familien 20 SFr), Archäologiepark: frei
- **Zubringerschiff:** Abfahrt Neuenburg Hafen Mitte Mai–Ende Sept. Di.–So. 9.40 und 12.10 Uhr, Anfang April–Mitte Mai sowie Ende September–Ende Oktober Fr.–So. um 10.20, 12.10 und 14.30 Uhr, Fahrzeit ca. 20 Minuten, kostenlos
- **Anfahrt:** Buslinie 101, Haltestelle Laténium (Abfahrt alle 10 Minuten von der Place Pury in der Neuenburger Innenstadt, Fahrzeit ca. 10 Minuten)

Stimmungsvolle Atmosphäre in der Bieler Altstadt

27 Biel ★ [S. 142]

Biel ist in mehrfacher Hinsicht eine Besonderheit unter den Schweizer Städten: Zum einen ist es eine der wenigen Städte, die (neben der historischen Altstadt) ein modernes, im 20. Jahrhundert entstandenes Stadtzentrum aufweisen. Zum anderen ist Biel (französisch Bienne) die einzige größere Gemeinde in der Schweiz, die offiziell zwei Amtssprachen hat. Dementsprechend ist praktisch alles in zwei Sprachen beschriftet, Deutsch und Französisch stehen im Stadtbild gleichberechtigt nebeneinander. Etwas mehr als die Hälfte der Einwohner gibt Deutsch als Muttersprache an, rund 30 Prozent Französisch. Echte Bieler sind jedoch stolz darauf, beide Sprachen zu verstehen – was nicht bedeutet, dass jeder beides auch sprechen kann. Im Gegenteil: Konversationen, in denen sich einer der deutschen und der andere der französischen Sprache bedient, sind im Alltag oft zu hören.

Bekannt ist Biel mit seinen rund 55.000 Einwohnern als **„Weltme-**

tropole" der Uhrenindustrie.** Sowohl die Edelmarke Rolex als auch der Weltmarktführer Swatch Group mit seinen 18 Uhrenmarken, darunter Omega, Longines, Tissot, Glashütte und Swatch haben ihre Fertigung und/oder ihren Firmensitz in Biel. Bedingt durch die schwere Krise der Uhrenindustrie in den 1970er-Jahren und der damit einhergehenden hohen Arbeitslosigkeit hat Biel in der restlichen Schweiz ein relativ schlechtes Image als „Armenhaus". Inzwischen ist der Strukturwandel aber vollzogen und die Stadt profiliert sich dank ihrer vielen mehrsprachigen Einwohner als idealer Dienstleistungsstandort für landesweit tätige Unternehmen.

Die Bieler **Innenstadt** liegt östlich vom Bahnhof und entstand in den 1920er-Jahren nach den Prinzipien des „Neuen Bauens" und des Bauhaus-Stils. Vor allem in der Gegend rund um den Bahnhof sind einige sehenswerte Bauten aus dieser Zeit zu sehen. Als eines der Wahrzeichen gilt das aus roten Backsteinen erbaute **Volkshaus am Guisanplatz.** Biel hat auch eine kleine mittelalterliche **Altstadt,** die vom Bahnhof aus zu Fuß in etwa 15 Minuten zu erreichen ist. Hier locken einige gemütliche Beizen und Restaurants mit historischem Interieur. Beim samstäglichen Bauernmarkt beherrscht hektische Betriebsamkeit die sonst eher ruhige Altstadt. Bei Besuchern wie Einheimischen ist im Sommer die große, direkt am Bielersee gelegene Wiese namens Strandboden sehr beliebt. Hier wird gegrillt, Eis geschleckt, und der See lädt zum Baden ein.

› **Anfahrt:** Zug nach Biel/Bienne (Abfahrt von Bern viermal pro Stunde, Fahrzeit ca. 30 Minuten)
› www.biel.ch

28 St. Petersinsel ★ ✿ [S. 142]

Die langgestreckte Halbinsel am Westufer des Bielersees ist ein tolles Revier für Spaziergänger und Radfahrer. Große Teile der knapp **5 Kilometer langen Halbinsel** stehen unter Naturschutz und sind besonders reich an Vogelarten. Am Ende der Halbinsel lädt das Restaurant St. Petersinsel im historischen Gebäude eines ehemaligen Klosters zu einer Pause (Apr.–Okt. Mi.–Sa. 9–20.30, So. 9–17 Uhr).

1765 lebte der Philosoph **Jean-Jacques Rousseau** für sechs Wochen auf der St. Petersinsel, bevor die Berner Obrigkeit ihn vertrieb. Rousseau bezeichnete diese Zeit später als die glücklichste seines Lebens. Seinerzeit war die St. Petersinsel übrigens tatsächlich eine Insel. Erst 1891, als im Zuge einer Gewässerkorrektion der Wasserspiegel des Sees abgesenkt wurde, entstand die Verbindung zum Festland. Sehenswert ist auch das beim Zugang der St. Petersinsel am Ufer gelegene alte Städtchen **Erlach.** Weinfreunde können die Weinberge am Nordufer des Bielersees besuchen; die Stadt Bern besitzt sogar Weinberge auf der St. Petersinsel.

› **Anfahrt:** Zug von Bern zweimal pro Stunde nach Ins, dort Umstieg auf das Postauto (Bus) bis Erlach Stedtli (Fahrzeit insgesamt ca. 50 Minuten) oder mit dem Linienschiff der Bielersee-Schifffahrts-Gesellschaft (s. S. 46)

29 Freiburg (Fribourg) ★★ [S. 142]

Hoch oben über der Schlucht des Flusses Saane liegt Freiburg, gewissermaßen das französischsprachige Gegenstück zu Bern. Das sehr gut erhaltene mittelalterliche Zentrum und französisches „savoir-vivre" prägen den Charakter der Stadt.

Um Verwechslungen mit der gleichnamigen Stadt im Südwesten Deutschlands zu vermeiden, heißt der Ort mit vollem deutschen Namen **Freiburg im Üechtland**, wird aber auch in der Deutschschweiz üblicherweise mit dem französischen Fribourg bezeichnet. Das passt auch deswegen ganz gut, weil rund zwei Drittel der Einwohner französischsprachig sind, der Anteil der deutschsprachigen Bevölkerung liegt bei etwa 20 Prozent. Dies war nicht immer so: Fribourg liegt direkt auf der Sprachgrenze, bis zur napoleonischen Besetzung der Stadt 1798 war Deutsch die Amtssprache.

Die Stadt wurde 1157 – einige Jahrzehnte vor Bern – von den Zähringern gegründet (s. S. 94).

Auffällig ist, dass die Stadt genau wie Bern auf einer Landzunge in einer Flussschleife angelegt wurde. Freiburg prosperierte über Jahrhunderte dank der Lederherstellung und des Tuchhandels. Während der Reformation blieb die Stadt katholisch

MEIN TIPP

Festival Belluard Bollwerk International

Jeden Sommer gegen Ende Juni/Anfang Juli wird Freiburg zu einem der international wichtigsten Schauplätze für Performance-Kunst. Etablierte Künstler und aufstrebende Talente erarbeiten eigens für das Festival thematisch wechselnde Produktionen. Der Aufführungsort ist nicht minder spannend: Die Bühne steht mitten in einer Festung, die Teil der mittelalterlichen Stadtbefestigung ist. Auch andere Teile des alten Gemäuers rundherum werden bespielt.

★9 **Bollwerk Freiburg,** Derrière-les-Remparts 14, Buslinien 3 und 5: Université, www.belluard.ch

Schwindelerregend: Freiburg wurde direkt über der Saaneschlucht erbaut

053be ©oksmit, stock.adobe.com

und hatte in der Folge einige Querelen mit dem mächtigen reformierten Nachbarn Bern auszustehen. Bis heute gilt Freiburg als eines der **Zentren des Schweizer Katholizismus** mit vielen Klöstern, Kirchen und dem Sitz des Bischofs von Lausanne, Genf und Freiburg. Auch die Universität mit ihren aktuell rund 10.000 Studenten (bei insgesamt nur 38.000 Einwohnern) entstand aus einem jesuitischen Kollegium. Heute ist sie die **einzige zweisprachige Universität der Schweiz.**

Auf einem Spaziergang durch die unterhalb der modernen Innenstadt und des Bahnhofs gelegenen Viertel Burg (Bourg), Au (Auge) und Neustadt (Neuveville) lernt man **eines der am besten erhaltenen mittelalterlichen Stadtzentren Europas** kennen. Rund 200 Häuser haben ihre gotischen Fassaden bewahrt und sorgen für eine tolle Atmosphäre. Allenthalben stößt man auf die auch aus Bern bekannten, mit Figuren verzierten Brunnen aus dem 16. Jh. Auch die Stadtbefestigung ist in weiten Teilen erhalten und begehbar, vor allem östlich der Altstadt am gegenüberliegenden Saaneufer.

› **Anfahrt:** Zug nach Genève-Aéroport oder Fribourg/Freiburg (Abfahrt von Bern fünfmal pro Stunde, Fahrzeit ca. 25 Minuten)

Sehens- und Erlebenswertes

Die **Kathedrale** mit ihrem 76 Meter hohen Turm ist das alles überragende Wahrzeichen der Altstadt. Die mächtige gotische Kirche wurde von 1283 bis 1490 erbaut. Aus der letzten Bauphase Ende des 15. Jahrhunderts sind mehrere wertvolle Einrichtungsgegenstände erhalten, so etwa die Kanzel, der reich geschmückte Taufstein, das schmiedeeiserne Chorgitter und das Chorgestühl. Besonders sehenswert ist die lebensgroße **Statuengruppe „Grablege Christi"** aus dem Jahr 1433 in der Heiliggrabkapelle. Aus einer ganz anderen Epoche stammen die Jugendstilfenster der Seitenkapellen. Sie wurden zwischen 1896 und 1936 von dem polnischen Künstler Józef Mehoffer gefertigt und gehören zu den bedeutendsten ihrer Art in Europa. Sportliche und schwindelfreie Kirchenbesucher können die 365 Stufen bis zur Aussichtsplattform auf dem Turm in Angriff nehmen; von dort genießen sie einen tollen Blick auf die Stadt. Am ersten Samstag im Dezember feiern Gemeinde und Stadt das Fest des Namenspatrons St. Nikolaus mit einem großen Festumzug und einem Weihnachtsmarkt.

i10 St.-Nikolaus-Kathedrale (Cathédrale St-Nicolas), Rue du Pont-Suspendu, Buslinien 1, 2 und 6: Tilleul, www.stnicolas.ch, geöffnet: Mo.–Sa. 7.30–19, So. 9–21.30 Uhr, Öffnungszeiten Turm: März–November Mo.–Sa. 10–18, So. 12–17 Uhr, Eintritt: 5 SFr (ermäßigt 4 SFr, Kinder und Jugendliche 6–16 Jahre 2 SFr)

Kirchen und Klöster entlang der Murtenstrasse (Rue de Morat)

An der nach Norden führenden Murtenstrasse befinden sich wie an einer Perlenkette aufgereiht mehrere sehenswerte Kirchen und Klöster. Den Anfang macht die **Liebfrauenkirche,** die älteste Kirche der Stadt. Sie stammt aus dem frühen 13. Jahrhundert und wurde im 18. Jahrhundert barock-klassizistisch umgestaltet. Besonders interessant ist die Krippe im neapolitanischen Stil. Gleich nebenan steht das **Franziskanerkloster** dessen Kirche großartige mittelalterliche Altäre und das älteste vollständig erhaltene Chorgestühl der Schweiz beherbergt. Etwas weiter nördlich folgt das **Heimsuchungskloster der**

Salesianerinnen mit seiner außergewöhnlichen, in Form eines symmetrischen Griechischen Kreuzes angelegten Barockkirche. Den Abschluss macht das **Kapuzinerkloster**, das Mitte des 17. Jahrhundert gegründet wurde. In der turmlosen Kirche sind die hölzernen Rokokoaltäre einen Blick wert.

11 Liebfrauenkirche (Basilique Notre-Dame), Place Notre-Dame 1, Buslinion 1, 2 und 6: Tilleul, www.basilique-fribourg.ch, geöffnet: Mo.-Di. 8.30-19.15, Mi. 8.30-18, Do.-Fr. 8.30-19.15, Sa./So. 8.30-18 Uhr, Eintritt frei

12 Franziskanerkloster (Couvent des Cordeliers), Rue de Morat 6, Buslinien 1, 2 und 6: Tilleul, www.cordeliers.ch, Eintritt frei

Seilbahn

Die 1899 eröffnete Freiburger Standseilbahn (Funiculaire) zwischen Ober- und Neustadt wird mit Abwasser angetrieben. Pro Fahrt werden 3000 Liter als Ballast genutzt, um die historischen Wagen in Bewegung zu versetzen.

13 Heimsuchungskloster der Salesianerinnen (Monastère de la Visitation), Rue de Morat 16, https://fribourg.la-visitation.org, Buslinie 1: Capucins, Eintritt frei

14 Kapuzinerkloster (Couvent des Capucins), Rue de Morat 28, Bus 1: Capucins, www.capucins-fribourg.ch, Eintritt frei

Hoch hinaus – Freiburger Brückenbaukunst

Die Lage Freiburgs hoch oben auf den Felsen über der Saaneschlucht hat Brückenbauer seit jeher inspiriert. Die 1924 eröffnete Zähringerbrücke (Pont de Zaehringen) beim Stadtviertel Burg bestimmte lange Jahrzehnte die Ansicht der Stadt. Seit Oktober 2014 wird sie jedoch von der gewaltigen Poyabrücke (Pont de la Poya) im Norden der Stadt überflügelt. Die spektakuläre, 850 Meter lange Schrägseilbrücke überspannt die Saane in 70 Metern Höhe, ihre Betonpylonen sind weithin sichtbar. Ganz anders kommt die Bernbrücke (Pont de Berne) daher: Seit 1250 sorgt die niedrige, überdachte Holzbrücke im Süden der Saanehalbinsel für die Verbindung zwischen dem Stadtviertel Au und der Place des Forgerons.

071be © ycharton, stock.adobe.com

Überragend: die Poyabrücke in Freiburg

Ausflug zum Gantrisch

Wer es zeitlich nicht bis in die Alpen schafft oder wer nicht so gut zu Fuß ist, um eine anstrengende Hochgebirgswanderung mitzumachen, für den ist der Gantrisch genau das richtige Ziel. Nah genug an der Stadt Bern für einen **Tagesausflug**, aber abgeschieden genug, um aus der zersiedelten Agglomeration der Bundesstadt herauszukommen und echt alpine Stimmung zu erleben.

Auf den Gantrisch führen mehrere Wanderwege. Die klassische Route führt von der Wasserscheide auf der Gurnigel-Passstraße in rund zwei Stunden auf den Gipfel. Von hier geht es entweder über das Gantrischseeli wieder zurück (Rundtour) oder aber auf dem Kamm weiter in Richtung Stockhorn, von wo man mit der Seilbahn hinunter ins südlich gelegene Simmental fahren kann. Unterwegs bieten sich tolle Ausblicke auf die Bergriesen des Berner Oberlandes. Dazu kommt der Duft der Almwiesen und die glasklare Luft am Gipfel und am Gantrischseeli. Gutes Schuhwerk ist auf den Bergwanderwegen Pflicht. Im Sommer veranstaltet die Armee unter der Woche manchmal Schießübungen am Gantrisch. An den Wanderwegen werden entsprechende Warnschilder aufgestellt, die man unbedingt ernst nehmen und im gegebenen Fall eine andere Route wählen sollte.

› **Anfahrt:** Bus: Gurnigel Wasserscheide (Abfahrt je zweimal täglich von Thurnen oder Schwarzenburg; Fahrzeit ca. 40 Minuten von Thurnen und ca. 1 Stunde von Schwarzenburg, Zug: Anfahrt nach Thurnen und Schwarzenburg von Bern, Fahrzeit ca. 20 Minuten nach Thurnen und ca. 35 Minuten nach Schwarzenburg; die Anschlüsse zum Bus sind getaktet)

Wer nicht so hoch hinaus möchte oder kann und trotzdem nicht auf den Wandergenuss in der Gantrischregion verzichten möchte, liegt mit dem **Gantrisch-Panoramaweg** genau richtig. Die insgesamt **viereinhalbstündige, relativ leichte Wanderung** führt durch herrliche grüne Voralpenlandschaften und bietet immer wieder tolle Ausblicke auf

055be-bt

056be-bt

die Gantrischkette. Wer den Weg von Gurnigel Berghaus aus in Richtung Zollhaus begeht, muss weniger steile Anstiege bewältigen als umgekehrt. Gutes Schuhwerk ist auch hier Pflicht.

› **Anfahrt:** Bus: Gurnigel Berghaus (Abfahrt zweimal täglich von Thurnen, Fahrzeit ca. 30 Minuten, Zug: Anfahrt nach Thurnen von Bern, Fahrzeit ca. 20 Minuten nach Thurnen; die Anschlüsse zum Bus sind getaktet) oder Zollhaus FR (Abfahrt mehrmals täglich von Freiburg oder Schwarzenburg, Fahrzeit ca. 40 Minuten; Anfahrt nach Freiburg und Schwarzenburg von Bern mit dem Zug, Fahrzeit ca. 20 Minuten nach Freiburg und ca. 35 Minuten nach Schwarzenburg; die Anschlüsse zum Bus sind getaktet)

› www.gantrisch.ch

Das Gantrischgebiet ist ein echtes Wanderparadies

Malerisch: die Gantrischregion im Berner Oberland

Espace Jean Tinguely – Niki de Saint Phalle

Die Ausstellung in einem ehemaligen Straßenbahndepot zeigt Werke des in Freiburg geborenen Jean Tinguely (1925–1991) und von Niki de Saint Phalle (1930–2002). Tinguely ist mit seinen kinetischen Skulpturen (oft in Form von Brunnen) bekannt geworden. Niki de Saint Phalle erlangte weltweite Popularität mit ihren „Nanas", dicken, bunten Frauenfiguren aus Polyester, die zumeist im öffentlichen Raum zu sehen sind, beispielsweise in Hannover. Nach dem Tod ihres Ehemanns Jean Tinguely schenkte sie einige seiner Werke seiner Geburtsstadt, später wurde die Ausstellung durch ihre eigenen Arbeiten ergänzt. Hinzu kommen Wechselausstellungen von zeitgenössischen Künstlern.

M 15 **Espace Jean Tinguely – Niki de Saint Phalle,** Rue de Morat 2, Buslinien 1, 2 und 6: Tilleul, www.mahf.ch, geöffnet: Mi. 11–18, Do. 11–20, Fr.–So. 11–18 Uhr, Eintritt: 7 SFr (erm. 5 SFr)

Einen Blick lohnt auch das benachbarte **Museum für Kunst und Geschichte,** das einige hervorragende Werke mittelalterlicher Kirchenkunst besitzt (und zu dem das Espace Jean Tinguely – Niki de Saint Phalle organisatorisch gehört).

M 16 **Museum für Kunst und Geschichte (Musée d'Art et d'Histoire),** Rue de Morat 12, Buslinien 1, 2 und 6: Tilleul, www.mahf.ch, geöffnet: Di., Mi. 11–18, Do. 11–20, Fr.–So. 11–18 Uhr, Eintritt: 10 SFr (erm. 8 SFr), Kombiticket mit Espace Jean Tinguely – Niki de Saint Phalle 15 SFr (erm. 11 SFr)

Das **Rathaus** ist ein spätgotisches Schmuckstück und wurde 1504 vom Kornspeicher zum Repräsentationsgebäude umgebaut. Bemerkenswert sind die große Freitreppe vor dem Eingang (das Berner Rathaus lässt grüßen!) und der 1641–43 angefügte Uhrturm. Während der Sitzungen des Großen Rates ist auch der holzvertäfelte Ratssaal zu besichtigen.

★17 **Rathaus (Hôtel de Ville),** Place de l'Hôtel de Ville, Buslinien 1, 2 und 6: Tilleul, geöffnet: Di. 14–18 Uhr, Mi.–Fr. 8.30–12 Uhr, Eintritt frei

Die **Kunsthalle Fri-Art** zeigt spannende, provokante Wechselausstellungen zeitgenössischer Künstler.

18 **Kunsthalle Fri-Art (Fri-Art – Centre d'Art Fribourg),** Petites-Rames 22, Standseilbahn und Bus 4: Neuveville/Motta, www.friart.ch, geöffnet: Mi.–Fr. 12–18, Sa./So. 13–18 Uhr, Eintritt: 8 SFr (ermäßigt 5 SFr, Kinder bis 12 Jahre frei)

Gantrischgebiet

Bergfreuden in der Region Bern: Der unweit der Stadt gelegene Naturpark Gantrisch sorgt für gute Alpenluft und interessante Ausblicke.

Fast jeder kennt die Wintersport-Hochburgen im Berner Oberland: Gstaad, Interlaken, Grindelwald und Konsorten sind einen eigenen Reiseführer wert und nicht nur in der Skisaison entsprechend überlaufen. Das Gantrischgebiet hingegen, die der Stadt Bern am nächsten gelegene (Vor-)Alpenkette, ist eine beinahe vergessene, aber umso schönere Gegend.

Namensgebend ist der **2175 Meter hohe Berggipfel Gantrisch.** Drumherum laden saftige grüne Bergwiesen und steile Hänge zu Wanderungen, Rad- und Skitouren in verschiedenen Schwierigkeitsstufen ein. Das Gebiet wurde 2012 zum **Naturpark** erklärt.

Wer mit dem **Auto** anreist (und das ist angesichts der dürftigen ÖPNV-Infrastruktur in dieser Region das Verkehrsmittel der Wahl), kann nach der Tour durch den Naturpark noch einen Abstecher nach Thun wagen. Die inoffizielle Hauptstadt des Berner Oberlandes lockt mit einer kleinen Altstadt und einer hübschen Seepromenade.

30 Abegg-Stiftung ★ [S. 142]

Versteckt am Rand des Dorfes Riggisberg liegt das vom 1984 verstorbenen Textilindustriellen Werner Abegg ins Leben gerufene **Textilmuseum.** Man mag es angesichts des sehr ländlichen Standortes kaum glauben, aber die Sammlung der Abegg-Stiftung ist wohl die **weltweit bedeutendste Kollektion historischer Textilien.** Sie umfasst 7000 Exponate aus dem europäischen, dem islamischen und dem ostasiatischen Kulturkreis von der Antike bis zum frühen 19. Jh.

Zusätzlich zur Ausstellungstätigkeit befasst sich die Abegg-Stiftung auch mit **Forschung** sowie mit der **Restaurierung historischer Textilien.** Wer sich für die Materie interessiert, sollte trotz der besucherunfreundlichen Öffnungszeiten und der schlechten Erreichbarkeit den Abstecher nach Riggisberg wagen. Achtung: Für die Besichtigung der Villa von Werner Abegg werden weitere 10 SFr Eintritt fällig, die sich aber nicht unbedingt lohnen.

› Werner Abeggstr. 67, Riggisberg, Bus: Riggisberg Abeggstiftung (Abfahrt von Ende April bis Anfang Nov. einmal täglich von Riggisberg Post, Fahrzeit 8 Min.; Anfahrt nach Riggisberg Post mit dem Bus vom Bahnhof Toffen, Fahrzeit ca. 15 Min.; Anfahrt nach Toffen von Bern mit der S-Bahn, Fahrzeit ca. 15 Min.), www.abegg-stiftung.ch, Ende April–Anfang Nov. tägl. 14–17.30 Uhr, Eintritt: 10 SFr (Kinder und Jugendliche bis 16 J. frei)

029be-gk

Bern für Kunst- und Museumsfreunde

Bern bietet Kunst- und Kulturinteressierten eine **breite Palette an Museen und Veranstaltungsorten**, davon einige von internationalem Rang. Flaggschiff ist das **Zentrum Paul Klee** 19, ein 2005 eröffnetes Ausstellungszentrum für das Lebenswerk des Berner Malers. Ansonsten konzentriert sich die Museumsszene rund um den **Helvetiaplatz** im Kirchenfeldquartier [F6] und bietet zum Teil außergewöhnliche Konzepte und Ausstellungen. Bis 2024 soll in diesem Bereich der Stadt ein richtiges Museumsquartier mit einheitlichem Auftritt und gemeinsamen Projekten der beteiligten Institutionen entstehen.

Auch das **Kunstmuseum am Hauptbahnhof** (s. S. 60) sorgt immer wieder für weithin beachtete Sonderausstellungen und machte Schlagzeilen, als ihm 2014 der Kunstsammler Cornelius Gurlitt seine von der deutschen Justiz beschlagnahmte Sammlung vererbte.

Ein derart reges Kulturleben würde man in einer doch eher ruhigen Stadt dieser Größe nicht unbedingt erwarten, aber Tatsache ist, dass Bern eine lange Tradition der Kulturförderung und des Mäzenatentums hat; man ist stolz darauf, eine Kulturstadt zu sein, und lässt sich das auch einiges kosten. Die so entstehenden Einrichtungen und Veranstaltungen treffen auf ein interessiertes, sachverständiges Publikum, das Qualität schätzt und auch einfordert.

Vorseite: In der Unteren Altstadt gibt es einiges zu entdecken

Für Besucher ist die **Museum Card** interessant, die zum Preis von 28 SFr (für 24 Stunden) bzw. 35 SFr (für 48 Stunden) zum freien Eintritt in alle Berner Museen berechtigt. Dies lohnt sich unter Umständen schon bei zwei Museumsbesuchen, zumal pro Karte der Eintritt für zwei Kinder oder Jugendliche bis 16 Jahre inbegriffen ist. Die Museum Card ist online unter www.bern.com oder in der Tourist Information am Bahnhof (s. S. 110) erhältlich.

Museen

19 [F6] **Alpines Museum der Schweiz,** Helvetiaplatz 4, Tram, Bus: Helvetiaplatz, Tel. 031 3500440, www.alpinesmuseum.ch, Di.–So. 10–17 Uhr, Eintritt: 18 SFr (Jugendliche 12–16 Jahre 6 SFr, unter 12 Jahren frei). Außergewöhnliches und auf gewisse Weise sehr schweizerisches Museum, das den für das Land und die Identität seiner Bürger so wichtigen Kultur- und Naturraum der Alpen aus ganz verschiedenen Perspektiven beleuchtet. Dabei ist dem Alpinen Museum eine zeitgemäße, interdisziplinäre Herangehensweise besonders wichtig. Man könnte meinen, dass man für die Alpen eigentlich kein Museum braucht, schon gar nicht am Berner Helvetiaplatz, von wo aus man sie bei gutem Wetter auch leibhaftig sehen kann. Dennoch entstehen im Alpinen Museum immer wieder Ausstellungen, die traditionelle Vorstellungen der Alpen mit aktuellen Problemen wie Umweltschutz und Zersiedlung gegeneinander kontrastieren und so ein tieferes Verständnis für dieses Gebirge fördern, das im wahrsten Sinne des Wortes felsenfest wirkt, tatsächlich aber in verschiedener Hinsicht sehr verletzlich ist.

017be-bt

20 [F6] **Bernisches Historisches Museum,** Helvetiaplatz 5, Tram, Bus: Helvetiaplatz, Tel. 031 3507711, www.bhm.ch, Di.–So. 10–17 Uhr, Eintritt: Dauer- und Sonderausstellungen 16 SFr (ermäßigt 14 SFr, Kinder und Jugendliche 6–16 Jahre 8 SFr), Einstein-Museum zusätzlich 2 SFr. Rund 500.000 Objekte aus der Schweizer und internationalen Kulturgeschichte haben ihren Platz in dem 1894 errichteten Märchenschloss am Helvetiaplatz. Wer sich für die Geschichte Berns und seiner weiteren Umgebung interessiert, kommt hier voll auf seine Kosten. Highlights der Sammlung sind die Grabbeigaben eines bronzezeitlichen Anführers aus Thun und die „Hydria von Grächwil", ein griechisches Bronzegefäß aus dem 6. Jahrhundert v. Chr., das 1854 im Kanton Bern gefunden wurde. Auch das Königsfelder Diptychon, ein reich verzierter Altar aus dem 15. Jahrhundert, ist sehr sehenswert. Teil des Historischen Museums ist das **Einstein-Museum,** das in einer zeitgemäßen Schau das Leben des weltberühmten Physikers beleuchtet.

21 [F5] **Einsteinhaus,** Kramgasse 49, Tram, Bus: Zytglogge, Tel. 031 3120091, www.einstein-bern.ch, tägl. 10–17 Uhr (von Weihnachten bis Ende Januar geschlossen), Eintritt: 7 SFr (ermäßigt 5 SFr, Kinder und Jugendliche 8–14 Jahre 4 SFr). Tagsüber ging der junge Physiker Albert Einstein seiner Arbeit als „technischer Experte 3. Klasse" im Berner Patentamt nach (s. S. 17), nach Feierabend arbeitete er an seinen Studien, die er 1905 publizierte und die den Blick der Menschen auf die Welt veränderten. Lediglich von 1903 bis 1905 lebte Einstein in der kleinen Altstadtwohnung, aber dennoch entstanden hier einige seiner bahnbrechenden Arbeiten zur Relativitätstheorie und zum fotoelektrischen Effekt.

Das Genie ist überall: Albert Einstein sind gleich mehrere Ausstellungen gewidmet

Heute ist die Wohnung der damaligen Zeit entsprechend (aber nicht mit Einsteins Originalmöbeln) eingerichtet, eine Ausstellung und ein 20-minütiges Video informieren über das Leben des Wissenschaftlers und seiner Familie.

22 [F6] **Kunsthalle,** Helvetiaplatz 1, Tram, Bus: Helvetiaplatz, Tel. 031 3500040, www.kunsthalle-bern.ch, Di.–Fr. 11–18, Sa./So. 10–18 Uhr, Eintritt: 8 SFr (ermäßigt 5 SFr, bis 16 Jahre frei). Obwohl die Kunsthalle schon seit ihrer Eröffnung 1918 mit Ausstellungen von Paul Klee und Alberto Giacometti für Furore gesorgt hatte, begann ihr Erfolg als weltweit maßgeblicher Ausstellungsort für zeitgenössische Kunst 1961 mit dem Antritt von Harald Szeemann als Direktor. Unter ihm wurde die Kunsthalle 1968 das erste Gebäude, das vom bekannten Duo Christo und Jeanne-Claude in Plastikfolie verpackt wurde. Ein Jahr später zeigte Szeemann in der Ausstellung „Live in your head: When Attitudes become Form" Werke von Joseph Beuys, Mario Merz, Richard Serra, Bruce Nauman und Reiner Ruthenbeck und etablierte die Kunsthalle und sich selbst als wichtigen Faktor im internationalen Kunst-Zirkus. Seither ist die Kunsthalle immer wieder Schauplatz spannender, provokativer Ausstellungen und für Kunstliebhaber immer einen Besuch wert.

23 [E4] **Kunstmuseum Bern,** Hodlerstr. 8–12, Bus: Bollwerk, Tel. 031 3280944, www.kunstmuseumbern.ch, Di. 10–21, Mi.–So. 10–17 Uhr, Eintritt: Sammlung 10 SFr (ermäßigt 7 SFr), Sonderausstellungen bis zu 20 SFr (ermäßigt bis zu 16 SFr), Kombiticket 24 SFr (ermäßigt 20 SFr, Studenten 12 SFr), Kombiticket mit Zentrum Paul Klee 19 32 SFr (ermäßigt 28 SFr, Studenten 18 SFr). Die Sammlung des ältesten Kunstmuseums der Schweiz umfasst Werke aus einem Großteil der neuzeitlichen Kultur-

Pinke Provokation: Das Kunstmuseum überrascht immer wieder durch besondere Ausstellungen

geschichte Europas vom frühen Mittelalter bis in die Gegenwart. Bedeutend und auch für ausländische Besucher sehr interessant ist die Kollektion von Werken Berner und Schweizer Künstler, allen voran Ferdinand Hodler, Meret Oppenheim und Franz Gertsch. Dazu gibt es Gemälde von weltberühmten Malern wie Pablo Picasso und Vincent van Gogh. Die Sonderausstellungen befassen sich häufig mit zeitgenössischer Kunst. Im November 2014 gab das Kunstmuseum Bern bekannt, dass es vom Kunstsammler Cornelius Gurlitt zum Alleinerben eingesetzt wurde und das Erbe antreten wird. Gurlitts Sammlung hatte seit seinem Fund 2012 in Wohnungen in München und Salzburg für Schlagzeilen gesorgt, da sich unter den mehr als 1600 Werken auch Nazi-Raubkunst befand. Seither engagiert sich das Museum sehr stark in der Forschung betreffend der Herkunft von Kunstwerken. In der Sammlung Gurlitt konnten bisher 16 Werke als NS-Raubkunst identifiziert werden. Sie wurden den Erben der ursprünglichen Besitzer zurückgegeben.

24 [F7] **Museum für Kommunikation,** Helvetiastr. 16, Tram, Bus: Helvetiaplatz, Tel. 031 3575555, www.mfk.ch, Di.–So. 10–17 Uhr, Eintritt: 15 SFr (ermäßigt 10 SFr, Kinder und Jugendliche 6–15 Jahre 5 SFr). Das wohl innovativste Museum der Stadt zeigt hochspannende, interaktive Sonderausstellungen, die im weitesten Sinne mit Kommunikation zu tun haben, vor allem aber besondere Aspekte der Kulturgeschichte auf ungewöhnliche Art und Weise beleuchten. Damit kann ein Besuch im Museum für Kommunikation für die ganze Familie ein tolles Erlebnis werden. Die Dauerausstellungen vermitteln die Geschichte der Kommunikation und der Medien vom Telegramm bis zur E-Mail. Sonntags finden kostenlose Führungen statt.

25 [F7] **Naturhistorisches Museum,** Bernastr. 15, Tram, Bus: Helvetiaplatz, Tel. 031 3507111, www.nmbe.ch, Mo. 14–17, Di., Do., Fr. 9–17, Mi. 9–18, Sa./So. 10–17 Uhr, Eintritt: 12 SFr (ermäßigt 10 SFr, bis 16 Jahre frei). Klassische naturhistorische Sammlung mit vielen ausgestopften Tieren aus der ganzen Welt sowie Pflanzen und Mineralien. Das Museum bietet viele verschiedene Mitmachangebote für Kinder.

19 [eh] **Zentrum Paul Klee.** Das wichtigste Museum der Stadt ist dem Ausnahmekünstler gewidmet, der viele Jahre in Bern verbrachte (s. S. 42).

087be © nikitamaykov, stock.adobe.com

Im Historischen Museum (s. S. 59) erfährt man alles Wissenswerte über die Geschichte der Stadt

Bern für Genießer

Essen und Trinken

In der klassischen Berner Küche geht es **herzhaft und deftig** (auf Berndeutsch „währschaft“) zu. Berühmt-berüchtigt ist die **Berner Platte**, ein fleischlastiger Hammer aus Kassler *(Rippli)*, Schulterstück, Speck, Eisbein *(Gnagi)*, Zunge und was man sonst noch Essbares am Schwein findet, dazu Bohnen, Sauerkraut, Kartoffeln und saure Rüben. Der zubereitende Koch hat bei der Zusammenstellung einen recht großen Interpretationsspielraum, sodass die Berner Platte auch in die gehobene Küche Einzug gehalten hat. Manche Lokale bieten Gästen mit etwas weniger Stehvermögen unter der Bezeichnung **Berner Teller** eine etwas, nun ja, abgespeckte Version an.

Auch sonst bieten die Berner Restaurants hervorragende landestypische **Fleischgerichte** wie Sauerbraten *(Suure Mocke)*, Rindsentrecôte und tatsächlich auch Zürcher Geschnetzeltes. Beliebte **Wurstsorten** sind Schüblig und Cervelat, letztere werden auch für den bekannten Schweizer Wurstsalat verwendet. Seit jeher werden in Bern auch **Innereien** gegessen, insbesondere Nieren und Leber von Schwein und Kalb. Eine Berner Besonderheit ist der Verzehr von **Pferdefleisch**, das in spezialisierten Metzgereien verkauft wird. Im Seeland (s. S. 46) wird viel örtlich gefangener Fisch gegessen, allen voran Flussbarsch *(Egli)* und Felchen.

Nudeln werden in der Schweiz generell „Teigwaren“ genannt. Als Spezialität gelten **Älplermagronen**, ein den südwestdeutschen Kässpätzle ähnliches Gericht, das allerdings zusätzlich Kartoffeln und manchmal auch Äpfel beinhaltet. Sowohl

⊻ *Das Gurtners (s. S. 65) ist ein Ziel für Feinschmecker*

009be-bt

als Beilage als auch „zum so Essen" sind **Rösti** (in der Schweiz mit langem „ö" und „sch" ausgesprochen) sehr beliebt.

Käse spielt als einer der Exportschlager der Schweiz auch wirtschaftlich eine nicht zu unterschätzende Rolle. Aus der Region Bern stammt der **Emmentaler** (s. S. 44), aus dem südlich gelegenen Kanton Freiburg (s. S. 50) der **Greyerzer** (in Bern zumeist französisch *Gruyère* genannt). Beide Sorten werden durch eine kontrollierte Herkunftsbezeichnung (AOC) besonders geschützt, nach der sie nur in der jeweiligen Region hergestellt werden dürfen. Neben diesen „großen", weltweit vermarkteten Sorten bieten die zahlreichen kleinen und mittleren Käsereien, die es im Kanton Bern oft noch gibt, eigene, besondere Käsekreationen an.

Auch beim beliebten **Fondue** steht der Käse im Mittelpunkt, in diesem Fall in geschmolzener Form. Eine andere Variante ist das *Fondue chinoise,* bei dem Fleischstücke in Brühe getaucht werden.

Unter den **Desserts** sind Baisers *(Meringue)* und die diversen, ganzjährig erhältlichen Lebkuchen zu empfehlen. Im Herbst gehört süßes Maronenpüree *(Vermicelles)* zu den festen Bestandteilen der Berner Küche.

Wenig bekannt ist, dass im Kanton Bern, genauer am Nordufer des Bielersees (s. S. 49) **Wein** angebaut wird. Auf den steilen, schwer zu bewirtschaftenden Hängen wachsen vor allem weiße Trauben, allen voran Gutedel *(Chasselas),* aus denen leichte Weißweine gekeltert werden. Die Stadt Bern besitzt in Erlach und Neuenstadt sogar ein eigenes Weingut, dessen Produkte in vielen Berner Lebensmittelgeschäften zu bekommen sind.

Preiskategorien

Die angegebene Preiskategorie gilt jeweils für ein Hauptgericht am Abend ohne Getränke. Mittags gibt es oft günstigere Menü-Angebote.

€	bis 30 SFr
€€	30–50 SFr
€€€	über 50 SFr

Bern gilt als **Bierhauptstadt der Schweiz.** Rund ein Dutzend Privat- und Kleinbrauereien sind in der Stadt oder der unmittelbaren Umgebung ansässig. Eine gute Möglichkeit zur Entdeckung dieser Szene ist der Brauereispaziergang (Infos unter www.bern.com). In Gaststätten bestellt man ein 0,3-Liter-Glas Bier vom Fass als *Stange.*

Eine Schweizer Spezialität unter den Erfrischungsgetränken ist **Rivella,** eine mit Molke hergestellte Brause. Ein beliebtes alkoholfreies Getränk ist **Süessmoscht.** Hinter dem Begriff verbirgt sich Apfelsaft mit einem geringen Anteil an natürlicher Kohlensäure. Das Wasser aus den Altstadtbrunnen (s. S. 29) schmeckt köstlich.

Bei den **Kaffees** dominiert ein italienisch inspiriertes Angebot mit Espresso, Cappuccino und Co. Einen Milchkaffee bestellt man im Lokal unter der Bezeichnung *Schale.* Eine sehr populäre alkoholhaltige Variante ist der mit Obstbrand angereicherte „Kafi fertig", beziehungsweise die beim Skifahren im Berner Oberland gern getrunkene Version „Kafi Luz", die aus dünnerem Kaffee und einer größeren Portion Obstler besteht.

Generell sind in der Berner Gastronomie französischsprachige Bezeichnungen für Speisen und Getränke sehr verbreitet – und das nicht nur, wie auch andernorts üblich, für die gehobene Küche, sondern auch im Alltag. Ein typisches Beispiel für die Verbindung von Französisch und Schweizer Mundart ist der für Hähnchenflügel geläufige Name „Pouletflügeli".

Auswärts zu essen ist in Bern ein **teures Vergnügen.** Von der Dönerbude bis zum Gourmetrestaurant: In jedweder Qualitätskategorie liegen die Preise in der Regel um das Zweifache höher als in Deutschland oder Österreich. Grund dafür sind zum einen die höheren Personal- und Sachkosten und zum anderen die Tatsache, dass die meisten Betriebe Schweizer Zutaten verwenden, die ihrerseits wiederum teurer sind. Beim **Trinkgeld** wird der Rechnungsbetrag aufgerundet.

Smokers' Guide

Die inzwischen auch in der Schweiz verbreiteten Rauchverbote werden auf kantonaler Ebene geregelt. In Bern ist eine relativ liberale Regelung in Kraft, der zufolge in Lokalen abgetrennte Raucherräume, sogenannte Fumoirs, betrieben werden dürfen. Bisher gibt es aber nur sehr wenige, oft außerhalb gelegene Kneipen, die von der Regelung Gebrauch machen. Zudem sind diese Räumlichkeiten oftmals nicht besonders einladend. Eine der wenigen Ausnahmen in der Altstadt ist der Kornhauskeller (s. S. 66), der ein Fumoir mit einer gewissen Aufenthaltsqualität sein Eigen nennt. Das Rauchverbot könnte im direktdemokratischen System übrigens jederzeit wieder aufs Tapet kommen: Die Basler etwa haben schon dreimal über das Thema abgestimmt – mal über Verschärfungen, mal über Lockerungen.

Hervorhebenswerte Lokale

Berner und internationale Küche

26 [C4] **Beaulieu** €€, Erlachstrasse 3, Bus 20: Universität, Tel. 031 3312525, www.restaurantbeaulieu.ch, Mo.–Sa. 10–23 Uhr. Traditionslokal des Universitätsviertels Länggasse. Neben der gutbürgerlichen Karte mit Berner Rösti, Pferdeentrecôte und Co. werden auch saisonale Spezialitäten angeboten. Besonders schön sitzt man auf der Terrasse unter alten Kastanienbäumen. Das Beaulieu ist aus dem gesellschaftlichen Leben der Länggasse nicht wegzudenken und dient rund zwei Dutzend örtlichen Vereinen, von der Studentenverbindung über die Pilzsammlervereinigung bis hin zum Computerclub, als Vereinslokal.

27 [E2] **Brasserie Lorraine** €€, Quartiergasse 17, Bus 20: Lorraine, Tel. 031 3323929, www.brasserie-lorraine.ch, Di.–Fr. 11–0.30, Sa./So. 10–0.30 Uhr. 1981 von einer linken Genossenschaft gegründet, hält die „Brass", wie sie im Volksmund heißt, weiterhin an ihrem Konzept fest, mehr zu sein als ein Restaurant. Man positioniert sich dezidiert politisch, heißt auch Gäste willkommen, die nichts konsumieren wollen und bietet Menschen in prekären Verhältnissen im oberen Stockwerk eine Gassendusche an. In der Küche wird marktfrisch (und vor allem sehr gut!) nach einer täglich wechselnden Karte gekocht, die meisten Zutaten stammen aus Bio-Produktion.

28 [G4] **Café Postgasse** €€, Postgasse 48, Bus 12: Nydegg, Tel. 031 3116044, www.cafepostgasse.ch, Di.–Sa. 18–23 Uhr. Gemütliches Altstadtlokal mit handgeschriebener Speisekarte. Hier gibt es in der Saison herausragende Miesmuscheln und Bouillabaisse.

29 [D5] **Della Casa** €€, Schauplatzgasse 16, Tram, Bus: Bärenplatz, Tel. 031 3112142, www.della-casa.ch, Mo.–Fr. 10–23.30 Uhr. Hinter dem Namen Della

Casa verbirgt sich nicht, wie man vermuten könnte, eine italienische Pizzeria, sondern eine echte Berner Institution. Die aus dem Tessin stammende Familie Della Casa bewirtet schon seit dem 19. Jh. die Gäste des klassisch holzvertäfelten Lokals mit allerlei Berner Spezialitäten von Kalbsleber bis Berner Platte. Die Nähe des Bundeshauses macht das „Delli“ zu einem der Lieblingslokale der Politiker und Ministerialbeamten. Im Vergleich dazu und zur Qualität der Speisen sind die Preise des Della Casa recht moderat.

30 [E3] **Du Nord** €€, Lorrainestr. 2, Bus 20: Gewerbeschule, Tel. 031 3329090, www.du-nord.ch, Mo.–Do. 11.30–23.30, Fr. 11.30–0.30, Sa. 10.30–0.30, So. 10.30–23 Uhr. Legendäres Ecklokal an der Ecke des alternativen Viertels Lorraine. Unkomplizierte und dennoch stilvolle Mischung aus modern-schlichtem Restaurant und Quartierkneipe. Ab und zu finden auch Konzerte statt.

31 [G5] **Fischerstübli** €€, Gerberngasse 41, Bus 30: Mühlenplatz, Mattelift: Talstation, Tel. 031 3110304, www.fischerstuebli.ch, Di.–Fr. 11–14.30 und 17–23, Sa. 11–23 Uhr. Das Fischerstübli im ruhigen Mattequartier bietet eine bunt gemischte internationale Karte mit Zutaten aus regionaler Produktion. Im Sommer sitzt man gemütlich auf der Terrasse an der verkehrsberuhigten Gerberngasse.

32 **Gurtners** €€, Gurten, Gurtenbahn: Bergstation, Tel. 031 9703323, www.gurtenpark.ch, Mo.–Sa. 11.30–14 und 17.30–23, So. 11–17 Uhr. Herrliche Aussicht und gehobene Küche auf dem Berner Hausberg: Das Restaurant Gurtners setzt auf regionale, saisonale Zutaten in vornehmer Atmosphäre. Beim Genießer-Montag wird zum Preis von 85 SFr ein Viergängemenü komplett mit Wein, Mineralwasser, Kaffee, Digestif, Live-Hintergrundmusik und Gurtenbahn-Fahrkarte serviert.

Gastro- und Nightlife-Areale

Bläulich hervorgehobene Bereiche in den Karten kennzeichnen Gebiete mit einem dichten Angebot an Restaurants, Bars, Clubs, Discos etc.

33 [F5] **Harmonie** €, Hotelgasse 3, Tram, Bus: Zytglogge, Tel. 031 3131141, www.harmonie.ch, Mo.–Fr. 11–23 Uhr. In dritter Generation führt der auch als Informatiker tätige Fritz Gyger die legendäre Harmonie beim Zytglogge. Seither hat er nicht nur einen Denkmalschutzpreis für das originalgetreu erhaltene klassische Berner Holz-Interieur erhalten, sondern auch den Ruf verteidigt, eines der besten Käsefondues der Stadt zu servieren. Neben der traditionellen Version mit Silberzwiebeln, Cornichons und Kartoffeln können experimentierfreudige Gäste auch Fondues mit Morcheln oder mit Trüffeln und Champagner probieren. Aber nicht alles ist Käse in der Harmonie: Auch bei Fleischgerichten punktet das urige Lokal, so etwa mit dem Rindsfilet „Harmonie“ oder der Spezialität von Küchenchef Walter Aebischer und Patron Fritz Gyger, den mit Käse überbackenen Kutteln.

34 [H4] **Klösterli** €€, Klösterlistutz 16, Bus 12: Bärenpark, Tel. 031 3501000, www.kloesterlibern.ch, Mo.–Fr. 11.30–14 und 17–23, Sa. 11.30–23, So. 11.30–22 Uhr. Sehr stilvolles, zeitgemäß eingerichtetes Lokal in einem 1759 erbauten Gebäude, das seither ununterbrochen als Gaststätte geführt wird. Kleine Karte mit ausgesuchten, saisonal wechselnden Gerichten aus regionalen Zutaten. Das Klösterli bezeichnet sich selbst als „Weincafé“ und legt dementsprechend großen Wert auf seine ausführliche Weinkarte.

35 [E4] **Kornhauskeller** €€, Kornhausplatz 18, Tram, Bus: Zytglogge, Tel. 031 3277272, www.kornhaus-bern.ch, Mo.–Sa. 11.30–14.30 und 17.30–23.30 Uhr. Das legendäre Restaurant im Keller des Kornhauses gilt als Szenetreffpunkt schlechthin. Die Speisekarte bietet Schweizer Klassiker (auch in vegetarischen und veganen Varianten) und die eindrucksvolle Architektur des Gewölbekellers sucht in Bern ihresgleichen.

36 [G5] **Krone** €€, Gerechtigkeitsgasse 66, Bus 12: Rathaus, Tel. 031 3121314, www.kronebern.ch, Di.–Fr. 11–22.30, Sa. 12–23 Uhr. Eines der vielen Altstadtlokale, in denen man sich fühlen kann wie daheim in der guten Stube. Trotz der langen Tradition ist die Krone jedoch keinesfalls verstaubt, sondern erlebt unter den aktuellen Besitzern, die auch die Vinothek Wykeller betreiben, einen neuen Frühling. Auf dem Programm stehen eigene Kreationen sowie Neuinterpretationen bekannter Klassiker, mit einem deutlichen Fokus auf Fleisch.

37 [H1] **Lokal** €€, Militärstr. 42, Tram, Bus: Breitenrain, Tel. 031 3327000, www.lokal-bern.ch, Di.–Do. 10.30–23, Fr. 10.30–23.30, Sa. 15–23.30 Uhr. Unprätentiöses Restaurant im wenig besuchten Breitenrainquartier mit hervorragender saisonaler und regionaler Küche. Die dazugehörige Kleinkunstbühne und Ausstellungen sorgen für kulturelle Abwechslung.

38 [E4] **Lötschberg** €€, Zeughausgasse 16, Tram, Bus: Bärenplatz, Tel. 031 3113455, www.lotschbergbern.com, Mo.–Fr. 10–24, Sa. 9–24, So. 11–23 Uhr. Dieses Lokal im trendigen Retro-Stil der 1970er-Jahre gehört einem Zusammenschluss von Walliser Winzern. Die Karte bietet eine riesige Auswahl an Schweizer Spezialitäten, vom Trockenwurst-Teller über das klassische Käsefondue bis hin zum Zürcher Kalbsgeschnetzelten. Auch die Desserts sind einheimisch inspiriert: mit hausgemachten Tobleroneküchlein und Williamssorbet aus Walliser Birnenbrand

010be-gk

kommen auch Naschkatzen auf ihre Kosten. Mittags wird ein günstiges Menü serviert. Auch die Weinkarte ist sehr umfangreich; donnerstags können von 19 bis 21 Uhr jeweils die Erzeugnisse eines bestimmten Weingutes degustiert werden.

39 [F5] **Metzgerstübli** €€€, Münstergasse 60, Tram, Bus: Zytglogge, Tel. 031 3110045, www.metzgerstübli.ch, Di.–Fr. 11.30–14 und 18–23, Sa. 9–12 und 18–23 Uhr. Das ehemalige Zunftlokal der Metzger ist heute ein über die Stadtgrenzen hinaus bekanntes Feinschmeckerrestaurant. Dennoch ist es weder überkandidelt noch besonders teuer – typisch Bernisch bodenständig eben. Die Speisekarte ist sehr traditionell, vegetarische Gerichte sucht man vergeblich.

40 [E4] **Moléson** €€, Aarbergergasse 24, Tram, Bus: Bärenplatz, Tel. 031 3114463, www.moleson-bern.ch, Mo.–Fr. 11.30–14.30 und 18–23.30, Sa. 18–23.30 Uhr. Man sollte sich von den Butzenscheiben und der rustikalen Aufschrift auf der Fassade nicht in die Irre führen lassen: Im Moléson ist man seiner Zeit voraus und kocht schon lange mit einem Blick auf regionale und ökologische Zutaten, Fleisch aus artgerechter Tierhaltung und gesunde Zubereitungsarten. Wirt Bärni Hüsser und Küchenchef Martin Schlag unternehmen einmal im Jahr einen kulinarischen Ausflug. Was sie dort an Rezepten, Zutaten und Weinen finden, bringen sie mit und teilen sie mit dem Berner Publikum. Dementsprechend ist die Speisekarte immer wieder für Überraschungen gut. Aber auch das klassische Käsefondue ist hier ausgezeichnet.

Im Schwellenmätteli (Restaurant Terrasse) sitzt man direkt über dem Wasser der Aare

41 [G5] **Ratskeller** €€, Gerechtigkeitsgasse 81, Bus 12: Rathaus, Tel. 031 3111771, www.brasserie-ratskeller.ch, Di.–Sa. 11–23 Uhr. Klassisches Altstadtlokal mit vielen Berner Spezialitäten. Geschnetzelte Kalbsleber mit Speckrösti, Eglifilet gebraten oder Berner Oberländer Rösti lassen die Herzen von Liebhabern der deftigen Küche höher schlagen.

42 [H4] **Rosengarten** €€, Alter Aargauerstalden 31b (im Rosengarten), Bus 10: Rosengarten, Tel. 031 3313206, www.rosengarten.be, tägl. 9–23.30 Uhr. Das Restaurant mit der möglicherweise schönsten Aussicht auf die Altstadt. Der Pavillon mit den großen Panoramafenstern verwöhnt seine Gäste mit einer Küche, die von traditionellen Berner Einflüssen ebenso geprägt ist wie von mediterraner Kulinarik. Diese Mischung ergibt Kreationen wie Hähnchen-Paillard mit Bruschetta, Feigen, Rucola und Pommes.

43 [F6] **Schwellenmätteli (Restaurant Terrasse)** €€, Dalmaziquai 11, Tram, Bus: Helvetiaplatz, Tel. 031 3505001, www.schwellenmaetteli.ch, Mo.–Sa. 9–23.30, So. 10–23.30 Uhr. Das Schwellenmätteli begeistert mit seiner spektakulären Lage direkt am und auf dem Wasser: Sitzt man bei schönem Wetter auf der modernen Holzterrasse, sieht und hört man unter seinen Füßen das klare Wasser der Aare rauschen. Aber auch drinnen ist es sehr schön, hier herrscht eine zeitgenössische und dennoch heimelige Atmosphäre. Kulinarisch setzt das Schwellenmätteli vor allem auf Grillspezialitäten von Lachs bis Rindsfilet.

44 [F5] **Sua** €€, Münstergasse 68, Tram, Bus: Zytglogge, Tel. 031 3111868, www.suarestaurant.ch, Mo.–Do. 18–22.30, Fr., Sa. 18–23 Uhr. Das Sua setzt auf ein neuartiges und zugleich sehr traditionelles Konzept: Fast alle Hauptgerichte werden als Schmortopf serviert, eine der ältesten Zubereitungsarten überhaupt. Die Karte bietet Gerichte und Geschmäcker aus aller Welt. Aktuell nur abends geöffnet, ein Mittagstisch ist in Planung.

45 [D5] **Tibits** €€, Gurtengasse 3, Tram, Bus: Bahnhof, Tel. 031 3130222, www.tibits.ch, Mo.–Sa. 7–23, So. 9–22 Uhr. Berner Ableger der landesweit vertretenen vegetarischen Konzeptgastro-Kette. Hier gibt es kein Fleisch, dafür Tofu, frisches Gemüse und sogar Seetang, verarbeitet zu innovativen Gerichten. Trotz des Buffet-Konzepts kommt eine gute, entspannte Atmosphäre auf. Sonntags lädt das Tibits zum Brunch. Es gibt noch eine weitere Filiale direkt beim Haupteingang des Bahnhofs, die aber der Lage geschuldet extrem überlaufen ist.

Asiatische und afrikanische Küche

46 [B3] **Curry Legend** €, Länggassstr. 32, Bus 20: Mittelstrasse, Tel. 031 3023959, www.curry-legend.ch, tägl. 11.30–14 und 18–22 Uhr. Günstiges, auf das studentische Publikum der Länggasse ausgerichtetes Lokal mit authentischer ceylonesischer Küche. Sehr günstige Mittagsmenüs! Während des Semesters ist der Andrang zur Mittagszeit recht groß.

47 [G4] **Fugu** €€, Gerechtigkeitsgasse 16, Bus 12: Nydegg, Tel. 031 3115125, www.fugu-nydegg.ch, Mo.–Fr. 11–14 und 17.30–23, Sa. 11.30–23, So. 11.30–22 Uhr. Schwer angesagtes japanisches Restaurant in der unteren Altstadt. In anspruchsvoll designtem Ambiente gibt es japanische (und thailändische) Spezialitäten jenseits vom inzwischen überall verbreiteten Sushi. Schottischer Wildlachs im Bananenblatt an Teriyaki-Sauce oder Ginger Beef lassen Kennern der japanischen Küche das Wasser im Mund zusammenlaufen. Für Feinschmecker mit ausreichend Budget gibt es auf Anfrage auch das berühmte Kobe-Rindfleisch. Montags trifft man sich zum „Yellow Monday", einem All-you-can-eat-Buffet mit leckeren Thai-Curries. Die Getränkekarte überrascht mit zahlreichen Varianten des Shochu, einer japanischen Spirituose.

48 [C3] **Injera** €€, Gesellschaftsstr. 38, Bus 20: Mittelstrasse, Tel. 031 3013702, www.injera.ch, Mo.–Fr. 11.30–14 und 17.30–23, Sa. 17.30–23 Uhr. Eins der wenigen Berner Lokale mit äthiopischer Küche. Mittags wird ein Menü für günstige 18,50 SFr serviert.

49 [D4] **Mille Sens** €€, Spitalgasse 38, Tram, Bus: Bärenplatz, Tel. 031 3292929, www.millesens.ch, Mo.–Fr. 11–14 und 17–23 Uhr, Sa. 17–23 Uhr. Der philippinischstämmige Chef Domingo

011be-gk

◁ *Im Entrecôte Fédérale sitzt auch schon mal ein Bundesrat am Nachbartisch*

S. Domingo serviert von seiner pazifischen Heimat inspirierte Bowls und Hauptgerichte.

50 [E2] **Okra** €€, Lorrainestr. 9, Bus 20: Gewerbeschule, Tel. 031 3321844, www.okra.ch, Di.-Fr. 11-14 und 17.30-23.30, Sa./So. 17.30-23.30 Uhr. Klassisches indisches Restaurant im Lorraineviertel. Im Okra gibt es als Besonderheit sowohl nord- als auch südindische Gerichte. Preiswerter Mittagstisch.

Französische und spanische Küche

51 [dh] **Brasserie Obstberg** €€, Bantigerstr. 18, Bus 12: Tavelweg, Tel. 031 3520440, www.brasserie-obstberg.ch, Mo.-Fr. 11-23.30, Sa. 18-23.30 Uhr. Von Coq au Vin bis Tournedos: Die Brasserie Obstberg in einem ruhigen Viertel oberhalb des Bärengrabens steht ganz im Zeichen der französischen Kulinarik. Schöner Garten.

52 [H4] **Casa Novo** €€€, Läuferplatz 6, Bus 30: Läuferplatz oder Bus 12: Nydegg, Tel. 031 9924444, www.casa-novo.ch, Di.-Fr. 11.30-14.30 und 17.30-23.30, Sa. 17-23.30 Uhr. Preisgekröntes Restaurant mit spanisch angehauchter Karte und erlesener Tapas-Auswahl. Besonders empfehlenswert sind die je nach aktuell erhältlichem Fang zubereiteten Fischgerichte. Bei gutem Wetter sollte man einen Platz auf der herrlichen Terrasse über der Aare reservieren.

53 [E5] **Entrecôte Fédérale** €€, Bärenplatz 31, Bus: Bundesplatz, Tel. 031 3111624, www.entrecote.ch, Mo.-Sa. 9-23.30, So. 11-23 Uhr. Direkt gegenüber dem Bundeshaus gelegen, ist das „Federal" ein beliebter Treffpunkt für Politiker und Beamte (daher auch die frühe Öffnungszeit). Die kurze Karte hat es in sich. Das Federal setzt auf französisch inspirierte Bistroküche. Tolle Dessertkarte! Bei schönem Wetter sitzt man mitten in Berns „Wohnzimmer", dem Bärenplatz.

54 [F4] **Zimmermania** €€€, Brunngasse 19, Tram, Bus: Zytglogge, Tel. 031 3111542, www.zimmermania.ch, Di.-Sa. 10-14.30 und 17-23 Uhr. Janine Mangiantini serviert original französische Küche mit besten Zutaten, hervorragend zubereitet. Wagemutige Feinschmecker können zu Burgunderschnecken oder Kalbskopf an Vinaigrette-Sauce greifen. Vegetarier hingegen haben es im Zimmermania schwer.

Italienische Küche

55 [B3] **Casa d'Italia** €, Bühlstr. 57, Bus 20: Mittelstrasse, www.casaitalia.ch, Tel. 031 3019074, tägl. 8.30-23.30 Uhr. Italienischer geht es nicht: Das Casa d'Italia gehört zum italienischen Kultur-Dachverband Berns und bietet dementsprechend Küche ganz nach dem Geschmack der zahlreichen zugewanderten Italiener. 1981 besuchte sogar der damalige italienische Staatspräsident Sandro Pertini das Haus. Besonders empfehlenswert sind die Trüffelgerichte, und auch die saisonalen Karten sollten im Blick behalten werden.

56 [C5] **Cavallo Star** €, Bubenbergplatz 8, Tram, Bus: Schanzenstrasse oder Hirschengraben, Tel. 031 3117679, www.cavallostar.ch, Mo.-Sa. 8.30-23, So. 10-22 Uhr. Solides italienisches Lokal in mäßig attraktivem Ambiente direkt am Hauptbahnhof. Wenn man bis zur Abfahrt des Zuges noch Zeit und Hunger hat, liegt man hier mit einer Pizza oder einem Pastagericht genau richtig.

57 [E5] **Da Bucolo** €, Amthausgasse 10, Bus 10, 19: Bundesplatz, Tel. 031 3328282, www.dabucolo.ch, Mo. 17.30-23.30, Di.-Fr. 11.30-14.30 und 17.30-23.30, Sa. 17.30-23.30 Uhr. In dieser einfachen Trattoria gegenüber vom Bundeshaus gibt es nach Ansicht von Kennern die beste Pizza der Stadt, und das sogar zu sehr günstigen Preisen.

Meine Tipps

Dinner for one

Alleinreisende Gäste sind in allen Berner Restaurants gerne gesehen, niemand wird schief angeschaut. Besonders zur Mittagszeit ist es üblich, dass viele andere Gäste auch alleine zu Tisch sitzen. Wegen der kleinen Räume und der familiären Atmosphäre kommt man in den Cafés **Zsa Zsa** (s. S. 74) und **Parterre** (s. S. 74) sehr schnell miteinander ins Gespräch.

Der erste Kaffee

Eine gute Adresse für die erste Koffein-Dosis am Tag ist das **Adriano's** (s. S. 71) beim Zytglogge, das mit selbstgeröstetem Kaffee, frischen Croissants und aktuellen Zeitungen lockt. Eher ruhig geht es im Tea-Room der **Confiserie Eichenberger** (s. S. 82) zu, wo man sich von der Außenwelt weitgehend unbehelligt Zeit zum Aufwachen nehmen kann. Trotz der „very british" klingenden Bezeichnung gibt es hier neben Tee auch guten Kaffee und allerlei Gebäck. Bei Sonnenschein sitzt man in einem der Cafés besonders gemütlich.

Lecker vegetarisch

In einer Stadt, in der sogar ein Restaurant namens „Metzgerstübli" fleischlose Gerichte serviert, müssen sich Vegetarier keine Sorgen um ihr leibliches Wohl machen. Tatsächlich bietet praktisch jedes Lokal mehrere vegetarische und häufig sogar vegane Gerichte an. Wenn einmal nichts auf der Karte stehen sollte, was einem zusagt, kann man jederzeit um die Zubereitung eines vegetarischen Essens bitten. Komplett fleischlos (und teilweise vegan) wird in den beiden Filialen des **Tibits** (s. S. 68) gekocht. Eine sichere Adresse sind auch die **indischen und italienischen Restaurants** (ab S. 68).

Restaurants mit guter Aussicht

Einen herrlichen Blick auf die Altstadt hat man aus dem Restaurant **Rosengarten** (s. S. 67) im gleichnamigen Park. Wer den weiten Himmel mit Fernblick schätzt, wird sich im edlen **Gurtners** (s. S. 65) oder seinem Selbstbedienungsableger, dem **Tapis Rouge** (s. S. 71), auf dem Berner Hausberg Gurten wohlfühlen. Eine Aussicht der ganz anderen Art bietet das Restaurant **Schwellenmätteli** (s. S. 67): Durch die Glaselemente im Boden der Terrasse hat man freien Blick auf die tosende Gischt der Aare.

Für den späten Hunger

Aufgrund der restriktiv gehandhabten Öffnungszeiten haben es hungrige Nachtschwärmer nicht leicht in Bern. Einziger Lichtblick ist die Dönerbude **Pronto** (s. S. 71), die bis 3.30 Uhr und am Wochenende sogar bis 7 Uhr morgens türkische Leckereien „mit allem" serviert. Bis 2 Uhr bekommt man auch an den **Imbiss-Ständen im Untergeschoss des Bahnhofs** etwas zu essen.

58 [F5] **Lorenzini** €€, Hotelgasse 10, Tram, Bus: Zytglogge, Tel. 031 3185067, www.lorenzini.ch, Mo.–Sa. 11.30–14 und 18–23.30 Uhr. 1973 von drei Werbefachleuten eröffnet, machte das Lorenzini eine steile Entwicklung durch, vom selbsternannten Lokal der „progressiven jungen Berner" hin zum absoluten Nobel-Italiener der Stadt – wohl auch, weil die progressiven jungen Berner in der Zwischenzeit ins Establishment aufgestiegen sind. Man isst hier nicht gerade günstig, aber hervorragend, wobei der Fokus auf der toskanischen Küche liegt. Die Spezialität des Hauses ist das Rindsfilet „Lorenzini" mit grüner Pfeffersauce. Besonders schön sitzt man im ruhigen Innenhof. Reservierung unbedingt empfohlen!

59 [E4] **Luce** €€, Zeughausgasse 28, Tram, Bus: Bärenplatz, Tel. 031 3109999, www.ristoranteluce.ch, tägl. 9.30–23.30 Uhr. Gemütliches italienisches Restaurant, das die Sehnsucht der Schweizer nach dem Licht des Südens ein wenig lindern möchte. Die Karte bietet das volle Programm italienischer Kochkunst mit einem Fokus auf Meeresfrüchten und (für Berner Verhältnisse) recht günstigen Fleischgerichten. Zwischen 14 und 17.30 Uhr gilt eine deutlich verkürzte Nachmittagskarte.

60 [G5] **Verdi** €€, Gerechtigkeitsgasse 7, Bus 12: Nydegg, Tel. 031 3126368, www.verdi-bern.ch, Di.–Do. 11.30–14.30 und 18–22, Fr., Sa. 11.30–14.30 und 18–23 Uhr. Der Edelitaliener in der unteren Altstadt besticht durch ein außergewöhnliches Ambiente in einem alten Berner Patrizierhaus. Man speist am offenen Kamin mit Blick auf unverputztes historisches Mauerwerk. Besonders empfehlenswert sind die Fischgerichte wie etwa das Wolfsbarschfilet mit Datteltomaten, und natürlich die hausgemachten Pastagerichte. Nachmittags gilt eine verkürzte Speisekarte.

Selbstbedienungsrestaurants und Imbisse

› **Jugendherberge Bern** € (s. S. 124). Zum Mittagsmenü sind auch Gäste willkommen, die nicht in der Jugendherberge übernachten. Für einen Preis von weniger als 20 SFr bekommt man solide Küche mit je einem vegetarischen und fleischhaltigen Gericht. Bei schönem Wetter sitzt man draußen unter der großen Platane und hört dem Rauschen der Aare zu.

61 [F6] **Las Alps** €, Helvetiaplatz 4, Tram, Bus: Helvetiaplatz, Tel. 031 3312222, www.alpinesmuseum.ch/de/restaurant, Mo. 9.30–14, Di.–Fr. 9.30–17, Sa./So. 10–17 Uhr. Helles, freundliches Restaurant im Alpinen Museum mit regionaler Küche. Das Mittagsmenü ist bis 14 Uhr erhältlich und kostet 25 SFr.

62 [E5] **Migros-Restaurant** €, Marktgasse 46 (im Obergeschoss), Tram, Bus: Bärenplatz, Tel. 058 5676400, www.migros.ch, Mo.–Mi., Fr. 7.30–18, Do. 7.30–20, Sa. 7.30–17 Uhr. Solides Selbstbedienungsrestaurant der Supermarktkette Migros, wo man mitten in der Altstadt für ca. 15 SFr zu Mittag essen kann.

63 [E4] **Pronto** €, Aarbergergasse 26, Tram, Bus: Bärenplatz, Tel. 031 3112020, Mo.–Do., So. 11–3, Fr., Sa. 11–7 Uhr. Die Rettung für hungrige Nachtschwärmer: Als einziges Lokal in Bern bietet diese Dönerbude fast rund um die Uhr etwas zu essen an. Das Angebot besteht aus den üblichen türkischen Spezialitäten.

64 **Tapis Rouge** €, Gurten, Gurtenbahn: Bergstation, Tel. 031 9703316, www.gurtenpark.ch, tägl. 9–20 Uhr (von Mitte Okt. bis Mitte April nur bis 18 Uhr). Wer die deftigen Preise im Gurtners (s. S. 65) nicht zahlen kann oder will und trotzdem inmitten der herrlichen Landschaft auf dem Gurten gut essen möchte, ist im Selbstbedienungsrestaurant Tapis Rouge richtig. Sehr gute Küche, tolle Aussicht.

Cafés

65 [E5] **Adriano's,** Theaterplatz 2, Tram, Bus: Zytglogge, www.adrianos.ch, Mo.–Mi. 7–23.30, Do.–Sa. 7–0.30, So. 9–22 Uhr. Die Berner Institution schlechthin, wenn es um Kaffee geht. Herkunftsland, Mahlgrad, Röstmethode – im Adriano's wird nichts dem Zufall überlassen. Keine Frage, dass selbst geröstet wird, dienstags und freitags kann man sogar im Café zuschauen. Das Adriano's ist so beliebt, dass es vor allem samstagvormittags recht voll werden kann.

66 [G5] **Alpin,** Gerechtigkeitsgasse 19, Bus 12: Nydegg, www.alpinbern.ch, Di.

17–23, Mi.–Fr. 11–23.30, Sa. 9.30–23.30, So. 11–18 Uhr. Trendiges Café in der unteren Altstadt mit eigener Weinhandlung im Keller. Ab und zu Konzerte.

67 [C1] **Apfelgold,** Bonstettenstr. 2, Bus 11: Engeried, www.apfelgold.ch, Do.–So. 9–17 Uhr. Angesagtes Café mit einem riesigen Bücherregal voller Lesestoff. Leckeres, französisch inspiriertes Gebäck und hochwertiger Tee. Sehr zu empfehlen ist auch der Apfel-Schaumwein.

68 [E5] **Diagonal,** Amthausgasse 18, Tram, Bus: Zytglogge, www.cafe-diagonal.ch, Mo.–Mi. 9–22, Do., Fr. 9–23.30, Sa. 9–22 Uhr. Im Pressecafé Diagonal beim Bundeshaus treffen sich gerne Vertreter von Medien und Politik zum Hintergrundgespräch. Was sie besprochen haben, kann man am nächsten Tag ebenfalls hier in den lokalen und internationalen Zeitungen lesen, die den Gästen in großer Auswahl zur Verfügung stehen.

› **Einstein,** Kramgasse 49, Tram, Bus: Zytglogge, www.einstein-cafe.ch, Mo.–Do. 8.30–22.30, Fr. 8.30–0.30, Sa. 7–0.30, So. 9–18 Uhr. Sehr stilvolles Café im Einsteinhaus (s. S. 59). Unten gibt es hervorragende Kaffeespezialitäten, oben in der „Bel Étage" lockt eine gut sortierte Bar.

69 [E1] **Kairo**, Dammweg 43, Bus 20: Lorraine, www.cafe-kairo.ch, Mo.–Fr. 9–0.30, Sa. 10–0.30, So. 16–19 Uhr. Alternative Café-Bar in der Lorraine. Viele Bio-Produkte, leckerer Mittagstisch. Abends gelegentlich kleine Konzerte.

70 [E4] **Lehrerzimmer,** Waisenhausplatz 30, Tram, Bus: Bärenplatz, www.lehrerzimmer.be, Mo. 17–22, Di. 14–23, Mi., Do. 14–0.30, Fr. 14–2, Sa. 11–2, So. 10–21 Uhr. Das Lehrerzimmer war tatsächlich mal eins, als das heutige Kulturzentrum PROGR (s. S. 74) noch eine Schule war. Heute geht es in dem als Café, Galerie und Buchhandlung genutzten Raum entspannter zu. Die im PROGR tätigen Künstler stellen hier ihre Werke aus und sind selbst oft zu Gast.

71 [F4] **Pyrénées,** Kornhausplatz 17, Tram, Bus: Zytglogge, www.pyri.ch, Mo.–Sa. 8–0.30, So. 12–23 Uhr. Uriges Café auf dem Kornhausplatz. Ein perfekter Ort, um die vorbeieilenden Menschen zu beobachten.

72 [C3] **Sattler,** Mittelstr. 15, Bus 20: Mittelstrasse, www.caffebarsattler.ch, Mo.–Fr. 7–23, Sa. 8–23, So. 9–19 Uhr. Die winzige ehemalige Sattlerwerkstatt ist eines der angesagtesten Cafés. Ein gemütlicher Ort – vom Frühstück bis zum Drink am Abend.

069be-bt

Bern am Abend

Nachtleben

Böse Zungen behaupten, in Bern wäre abends ungefähr so viel los wie auf einem Wiener Friedhof. Tatsächlich ist die Schweizer Bundesstadt alles andere als eine Partymetropole, aber die Zeiten, in denen nach Ladenschluss die Bürgersteige zwischen Bollwerk und Mattequartier 5 hochgeklappt wurden, sind glücklicherweise vorbei. Bern nennt ein **kleines, aber feines Nachtleben** sein Eigen, und mithilfe der Tipps in diesem Buch kann man sich getrost aufmachen und „in den Ausgang gehen", wie man auf Berndeutsch sagt.

Örtlich konzentriert sich das Geschehen auf die **Altstadt**, das **Mattequartier** 5 (mit abnehmender Tendenz) und das sogenannte **Bollwerk** hinter dem Bahnhof mit dem Dreigestirn Reitschule (s. S. 76), ISC und Bierhübeli (s. S. 74).

Charakteristisch für die Berner Gastroszene ist, dass die verschiedenen Genres wie Restaurant, Kneipe (auf Berndeutsch Beiz genannt) oder Café sich nicht eindeutig trennen lassen. In den meisten hier aufgeführten Bars bekommt man auch (zumindest kleinere) warme Gerichte, und umgekehrt wird man in einem Restaurant nicht schief angeschaut, wenn man nur etwas zu trinken bestellt.

Eine Besonderheit des Berner Nachtlebens ist die sogenannte **Polizeistunde.** Bis spätestens 0.30 Uhr (früher sogar bis 23.30) müssen alle Lokale geschlossen haben. Einzelne Betriebe können für bestimmte Wochentage oder einzelne Veranstaltungen eine Verlängerung beantragen, was allerdings genau geprüft wird und mit der Zahlung einer Gebühr verbunden ist. Gastwirte und Nachtschwärmer machen seit langem für die Abschaffung der Polizeistunde mobil. In den vergangenen Jahren fanden mehrere Demos unter dem Motto „Tanz dich frei" statt, nach denen es teilweise zu Ausschreitungen und Straßenschlachten mit der Polizei kam. Unter den Befürwortern der Polizeistunde finden sich Anwohner der Altstadt sowie Hoteliers, die um die Ruhe fürchten. Die Kommunalpolitiker sitzen in dieser Auseinandersetzung zwischen den Stühlen, da sie auf keiner Seite Wähler verlieren möchten. Tun könnten sie allerdings ohnehin nicht viel: Die Polizeistunde fällt in den Zuständigkeitsbereich des Kantons, der keine Anstalten macht, diese Regelung abzuschaffen, die andernorts in der Schweiz längst Geschichte ist.

Dementsprechend sollte man sich als Gast nicht wundern, wenn um Punkt halb Eins plötzlich ein ungemütliches Neonlicht in der vorher so stimmungsvollen Bar angeht oder die Musik so laut gedreht wird, dass man sich nicht mehr unterhalten kann – es ist nichts passiert, nur die Polizeistunde lässt grüßen.

◁ *Abends macht eine Schlittschuhfahrt besonders viel Spaß*

Bars und Beizen

73 [C1] **Barbière,** Breitenrainplatz 40, Tram 9: Breitenrain, www.barbiere-bern.ch, Mo.–Fr. 7–0.30, Sa. 9–0.30 Uhr. Stimmungsvolle Bar mitten im Breitenrainquartier. Ein Highlight ist die vielfältige Auswahl an Bieren aus der eigenen Kleinbrauerei.

74 [F4] **Kreissaal,** Brunngasshalde 63, Tram, Bus: Zytglogge, www.kreissaal.be, Di.–Sa. 21–2.30 (im Sommer ab 22 Uhr).

Seit vielen Jahren eine Institution im Berner Nachtleben, ist der früher etwas verruchte Kreissaal mit seinem Publikum gemeinsam gereift, aber noch längst nicht aus der Mode. Zwischen den nackten Sandsteinmauern erwartet einen die ausführlichste Whiskyauswahl der Stadt.

75 [F5] **Les Amis,** Rathausgasse 63, Tram, Bus: Zytglogge, www.lesamis.ch, Mo.-Do. 17-0.30, Fr. 17-2, Sa. 15-2 Uhr. Gemütliche Bar gegenüber vom berühmten Schlachthaus Theater (s. S. 77). Donnerstags legen DJs auf.

76 [F5] **Lirum Larum,** Kramgasse 19a, Bus 12: Rathaus, www.lirum-larum.ch, Mo.-Mi. 9-22, Do.-Sa. 9-24, So. 11-18 Uhr. Verspielt eingerichtete Bar mit einer eklektischen Mischung aus historischem Mobiliar, goldenen Barockspiegeln und modernen Elementen. Vor seinem Umbau diente das Ladenlokal als ungarische Spezialitätenmetzgerei.

› **Parterre,** Mo.-Fr. 7-23, Sa. 9-23 Uhr. Eine der schönsten Café-Bars der Stadt. Im Erdgeschoss des markanten „Palazzo Prozzo" (s. S. 40) trinkt man morgens in Ruhe seinen Kaffee, abends hingegen stehen die Gäste auch schon mal auf der Straße, wenn sie nicht alle in das wohnzimmergroße Räumchen passen. Besonders spannend (und eng) wird es donnerstagsabends, wenn junge Bands zum Konzert aufspielen.

77 [E4] **Turnhalle,** Speichergasse 4, Tram, Bus: Bärenplatz, www.turnhalle.ch, Mo. 11-24, Di. 10-24, Mi. 11-0.30, Do., Fr. 11-2, Sa. 11-3 Uhr. Eine der schönsten Café-Bars der Stadt. Der derzeit angesagteste Ort zum Ausgehen in Bern. In der Turnhalle des ehemaligen, heute zum Kulturzentrum **PROGR** umgebauten Progymnasiums am Waisenhausplatz trifft sich „tout Berne" zum Chillen und Tanzen. Abends gibt es Konzerte von Jazz bis Weltmusik. Mit zur Deko gehören die Sprossenwände, die an die frühere Nutzung erinnern.

78 [F5] **Volver,** Rathausplatz 8, Bus 12: Rathaus, www.barvolver.ch, Mo. 17-22, Di., Mi. 8-23, Do.-Sa. 8-24 Uhr. Stilvolle, moderne Bar direkt beim Rathaus mit großer Auswahl an Weinen und Drinks. Dazu werden original spanische Tapas mit hausgemachter Salsa gereicht.

79 [F4] **Zsa Zsa,** Brunngasse 11, Tram, Bus: Zytglogge, Mo.-Mi. 17-24, Do.-Sa. 17-0.30 Uhr. Das Zsa Zsa konkurriert mit dem Parterre (s. links) um den Titel der kleinsten Bar Berns. Statistiken zu Folge haben genau 20 Leute in dem winzigen Raum in der stillen Brunngasse Platz. Genau deswegen kommt aber immer gute Stimmung auf.

Clubs

80 [C2] **Bierhübeli,** Neubrückstr. 43, Bus 11, 21: Bierhübeli, www.bierhuebeli.ch, bei Veranstaltungen. Wichtigster Konzertsaal der Stadt für etablierte Rock-, Pop- und Hip-Hop-Acts. Im Wechsel mit Konzerten finden auch Themenpartys statt, von den 1980er-Jahren bis hin zur Bad Taste Disco. Im Sommer schöner Biergarten.

81 [D4] **Circle,** Aarbergergasse 35, Bus 11, 20, 21: Bollwerk, www.circleclub.ch, bei Veranstaltungen. Angesagter Club mit populärer Musik rund um Latin, Techno und Charts. Ab und zu auch Liveacts.

82 [F5] **Du Théâtre,** Hotelgasse 10, Tram, Bus: Zytglogge, www.dutheatre.ch, Fr., Sa. 23-3.30 Uhr. Im „Düdü", wie die Berner liebevoll sagen, trifft sich die Schickeria der Stadt zum Feiern. Musikalisch setzt man auf Bewährtes aus R'n'B, Funk, Dance und Charts. Vor dem Einlass bilden sich oft längere Schlangen. Auch auf den Dresscode wird geachtet, in der Regel heißt es: smart und sexy.

83 [ci] **Gaskessel,** Sandrainstr. 25, Bus 30: Dampfzentrale oder Bus 28: Monbijoubrücke, www.gaskessel.ch, bei Ver-

anstaltungen. Etwas düsterer Club in einem halbkugelförmigen ehemaligen Gasbehälter unter der Monbijoubrücke. Abwechslungsreiches Programm aus Off-Theater-Vorstellungen und Partys mit Schwerpunkt Electro und Reggae.

84 [D3] **ISC,** Neubrückstr. 10, Bus 11, 21: Henkerbrünnli, www.isc-club.ch, bei Veranstaltungen. Der ehemalige „Internationale Studentenclub“ lässt inzwischen auch ältere Semester hinein und bietet Konzerte im weit gefassten Bereich „Alternative“, was dezidiert nicht nur Gitarrenmusik bedeutet. Daneben finden auch Partys statt.

85 [D4] **Kapitel,** Bollwerk 41, Bus 11, 20, 21: Bollwerk, www.kapitel.ch, bei Veranstaltungen. Das Kapitel hat sich ein gewaltfreies, tolerantes Miteinander auf die Fahnen geschrieben und setzt entsprechend strenge Hausregeln durch, damit möglichst alle Gäste sicher Party machen können. Auf die Ohren gibt es vorwiegend Underground-Electro.

86 [cf] **Spinnerei,** Spinnereiweg 17, Bus 21: Felsenaustrasse oder S-Bahn: Felsenau, www.kulturspinnerei.ch, bei Veranstaltungen. Weltmusik und Live-Elektro- sowie Undergroundmusik im Keller eines alternativen Wohnprojekts.

Theater und Konzerte

Dank der Schweizer Kulturförderung, die trotz aller Kürzungen noch immer vergleichsweise großzügig ist, bietet Bern eine für eine Stadt dieser Größe **außergewöhnlich reiche Kulturszene.** Da man in der Schweiz Kultur nicht zwangsweise mit Institutionen gleichsetzt, blüht eine farbenprächtige, innovative freie Theater-, Tanz- und Musikszene, die nicht selten hochwertigere Produktionen zu Stande bringt als die etablierten staatlichen Einrichtungen. Wer also neugierig darauf ist, was Schweizer Künstler und ihr Publikum bewegt, sollte sich getrost einmal in den Programmen der Freien Szene umschauen.

In den 1960er- und -70er-Jahren war Bern weithin bekannt für seine **Kellertheater.** In fast jedem der typischen, von der Straße aus zugänglichen Altstadtkeller hatten sich Künstler eingerichtet. Von dieser Szene ist fast nichts mehr übrig. Stattdessen verlagerte man sich in ehemalige Industrie- und Wirtschaftsbauten, in denen heute das Kulturleben pulsiert.

› **Camerata Bern,** Tel. 031 3718688, www.cameratabern.ch. Die Camerata ist neben dem Symphonieorchester der renommierteste Klangkörper der Stadt. Die 15 Kammermusiker bespielen verschiedene Säle in Bern. Besonders beliebt sind die Konzerte im Zentrum Paul Klee 19.

87 [E7] **Dampfzentrale,** Marzilistr. 47, Bus 30: Dampfzentrale oder Bus 28: Monbijoubrücke oder Marzilibahn: Tal-

014be-gk

› *Unscheinbar, aber bedeutend: die Dampfzentrale ist Tanzfreunden in ganz Europa ein Begriff*

station, Tel. 031 3100540, www.dampfzentrale.ch, bei Vorstellungen, Restaurant Mo.-Fr. 11.30-14 und 17.30-23.30, Sa. 12-23.30, So. 12-22 Uhr. Das ehemalige Kraftwerk am Aareufer ist eines der wichtigen Zentren für zeitgenössischen Tanz in der Schweiz und Europa. Auf dem Programm stehen internationale Gastspiele und Koproduktionen. Auch Konzerte im Bereich Jazz und elektronische Musik finden hier eine Heimstätte. Vor und nach den Veranstaltungen lockt das Restaurant mit schöner Terrasse am Fluss.

› **Marian's Jazzroom,** Engestr. 54, Bus 21: Innere Enge, Tel. 031 3096111, www.mariansjazzroom.ch, bei Konzerten. Der kleine Club im Gebäude des Hotels Innere Enge (s. S. 123) gehört zu den besten Jazzclubs der Welt. Internationale Größen berücksichtigen das Marian's auf ihren Tourneen, und dank der hervorragenden Kontakte in alle Welt sind auch die Stars von morgen hier zu sehen. Von Sept. bis

Die Berner Reitschule – Spagat zwischen Revolution und städtischem Fördergeld

Unter der hässlichen Eisenbahnbrücke am Bollwerk fällt ein buntes, mit allerlei Graffiti und Transparenten verziertes Gebäude auf. Es ist die ehemalige städtische Reitschule, die heute als **Kulturzentrum Reithalle** ein wichtiger Baustein der Berner Stadtkultur ist. Nach schweren Unruhen von Jugendlichen wurde die Reitschule 1982 als **Autonomes Jugendzentrum** eingerichtet und wird bis heute von den Nutzern basisdemokratisch verwaltet. Zunächst von der Stadtverwaltung nur geduldet, hat die Reitschule heute einen Mietvertrag mit der Stadt und erhält auch öffentliche Subventionen. Dennoch wird sie von der politischen Rechten erbittert bekämpft, aber alle Schließungsversuche scheiterten bisher.

Die Nutzer sind eine bunte Mischung aus Kulturschaffenden, politisch Engagierten und etwas dubiosen Gestalten, und ebenso ist das Programm: Den Besuchern stehen **Theater, Disco, Diskussionsabende und ein Restaurant** zur Auswahl. Obwohl die Reitschule heute in ihrer kreativen Protesthaltung ein wenig erstarrt wirkt, ist sie aus der Berner Öffentlichkeit nicht wegzudenken.

•**88** [D3] **Reitschule,** Neubrückstr. 8

015be-gk

Ende Mai bietet das Marian's von Dienstag bis Samstag zwei Konzerte pro Abend! Das erste beginnt um 19.30 Uhr, das zweite um 21.30 Uhr (freitags und samstags um 22 Uhr). Man sitzt sehr gemütlich auf Polstersofas an kleinen Tischchen und genießt einen Drink, während nur wenige Meter entfernt auf der Bühne der Jazz abgeht ... Stimmung pur!

89 [F5] **ONO,** Kramgasse 6, Bus 12: Rathaus, Tel. 031 3012108, www.onobern.ch, bei Veranstaltungen. Zeitgenössische Version der klassischen Berner Kellerclubs. Das ONO bietet ein abwechslungsreiches Programm aus Lesungen, Performances und Konzerten mit namhaften Künstlern und Neuentdeckungen. Vor und nach den Veranstaltungen lockt die gemütliche Kellerbar mit Designermobiliar inmitten der historischen Sandsteinmauern.

90 [F5] **Schlachthaus Theater,** Rathausgasse 20/22, Tram, Bus: Zytglogge, Tel. 031 3129647, www.schlachthaus.ch, bei

Stromgitarre statt Schwyzerörgeli – die Berner Musikszene

Im musikalischen Mikrokosmos Berns wird zwar häufig auf Mundart gesungen, aber um Volksmusik handelt es sich dabei in der Regel nicht. Die Stadt nennt vielmehr eine lebendige Rock- und Popszene ihr Eigen. Zu den Pionieren des Berndeutsch-Rocks gehören der Sänger Polo Hofer sowie die Bands Patent Ochsner und Züri West, deren Lieder jeder Berner mitsingen kann.

Ein Klassiker, an dem in Bern niemand vorbeikommt, wenn er Musik macht, ist **Mani Matter.** Der 1972 im Alter von 36 Jahren bei einem Autounfall verstorbene Sänger war mit seinen teils heiteren, teils melancholischen berndeutschen Chansons in der ganzen Schweiz bekannt. In Bern ist Matter, der Zeit seines Lebens an seiner Stelle als Rechtskonsulent der Stadtverwaltung festhielt, eine Legende.

Sphärisch-poppig lässt es die Sängerin **Jaël Malli** angehen, die derzeit solo unterwegs ist, im ersten Jahrzehnt des 21. Jh. aber mit ihrer Band Lunik weit über Bern und die Schweiz hinaus bekannt wurde. Jaël singt grundsätzlich auf Englisch, im Gegensatz zu ihrer auch in Deutschland populären Kollegin **Sophie Hunger,** die ihre poppig-jazzigen Lieder wechselweise mit französischen, berndeutschen, englischen und hochdeutschen Texten versieht.

Kaum einzuordnen ist die Band **Stiller Has.** Sänger Endo Anaconda röhrt, nuschelt und jault poetisch schräge Texte auf Berndeutsch und seiner zweiten Muttersprache Österreichisch, während die Band einen verschnörkelten Blues spielt. Seit dem Tod Anacondas im Jahr 2022 kann man den Stillen Has leider nur noch auf Tonträger genießen.

Auch Hip-Hop gibt es in Bern, namentlich die Crew Wurzel 5, die es ernst meint, sowie den ehemaligen Kunststudenten und heutigen Dichter **Jürg Halter,** der sich das Alter Ego Kutti MC geschaffen hat, um die bierernste Rap-Szene auf die Schippe zu nehmen und sich nebenbei als (Möchtegern-)Star auszutoben. Beides ist ihm gut gelungen. Mit seinem Projekt „Achtung Niemand" schlägt Halter ernstere Töne an.

Einer benutzt das kleine Volksmusik-Akkordeon namens Schwyzerörgeli übrigens doch: **Florian Ast,** der das Instrument in den Sound seines radiotauglichen Pop-Rock aufnahm und damit u. a. die Fans von Deep Purple schockierte, als er im Vorprogramm der Hardrock-Veteranen auf deren Deutschland- und Österreich-Tournee 1999 auftrat.

016be-gk

Vorstellungen. Das ehemalige Schlachthaus in der Rathausgasse beherbergt eines der führenden Häuser der pulsierenden Freien Theaterszene in der Schweiz. Das Schlachthaus hat eine eigene künstlerische Leitung, die das Haus mit ausgesuchten Gastspielen sowie mit Koproduktionen mit Theaterschaffenden aus der ganzen Welt bespielt. Wer auf spannendes, zeitgenössisches Theater steht, ist hier genau richtig.

91 [E4] **Stadttheater Bern,** Kornhausplatz 20, Tram, Bus: Zytglogge, Tel. 031 3295252, www.buehnenbern.ch, bei Vorstellungen und Konzerten. In Berns klassischem Mehrspartentheater kann man ab und zu einen Glückstreffer landen, allerdings ist das künstlerische Niveau nicht mit demjenigen der großen Häuser in Basel oder Zürich vergleichbar. Dennoch ist ein Opernbesuch im mondänen Theater am Kornhausplatz ein Erlebnis und zeigt schon anhand der Einrichtung (inklusive vergoldetem Berner Wappen über der Bühne), dass die Berner Patrizier sich trotz ihrer kritischen Haltung zum althergebrachten Adel anderer Orte durchaus feudal gaben. Die meisten Aufführungen des Sprechtheaters finden in den eigens umgebauten „Vidmarhallen", einer ehemaligen Fabrik im Vorort Liebefeld statt:

92 [ai] **Vidmarhallen,** Könizstrasse 161, Liebefeld (hinten im Hof, am Fabrikgebäude vorbeigehen), Bus 17: Hardegg Vidmar

93 [C5] **Theater an der Effingerstrasse,** Effingerstr. 14, Tram, Bus: Kocherpark oder Hirschengraben, Tel. 031 3827272, www.theatereffinger.ch, bei Vorstellungen. Moderne Klassiker von Dürrenmatt bis Arthur Miller stehen auf dem Programm dieser kleinen Kammerbühne, die es immer wieder schafft, mit wenigen Mitteln viel auf die Beine zu stellen.

94 [D3] **Tojo Theater,** Neubrückstr. 8, Bus: Bollwerk, Tel. 031 3066969, www.tojo.ch, bei Vorstellungen. Das Tojo im alternativen Kulturzentrum Reitschule (s. S. 76) ist das Experimentierfeld für junge, freie Gruppen aus Theater und Tanz.

Film

Bern bietet für Filmfreunde ein ganz besonderes Schmankerl: Filme werden in der Regel nicht synchronisiert, sondern in der **Originalversion** mit (deutschen und französischen) Untertiteln gezeigt. Neben den „gewöhnlichen" Kinos mit aktuellen Filmen gibt es hervorragende Programmkinos, wie etwa die Cinématte oder das Kino im Kunstmuseum. Die Programme aller Kinos auf einen Blick gibt es unter: www.cineman.ch/kinoprogramm/Bern. Eine amüsante Besonderheit der Berner Kinos, die so wunderbar zur Schrulligkeit der Stadt passt, ist die **Pause während der Filmvorführungen** – zumeist natürlich an der spannendsten Stelle.

Das Stadttheater bietet den passenden Rahmen für große Opernaufführungen

Bern zum Stöbern und Shoppen

Sechs Kilometer Arkaden (auf Berndeutsch „Lauben") machen einen Schaufensterbummel in Bern bei jedem Wetter zum Vergnügen. Besonders in der Unteren Altstadt lässt sich so manche besondere Entdeckung machen.

Die Berner Altstadt kann man zu Fuß auf zwei ganz unterschiedliche Arten erkunden. Wer auf dem Kopfsteinpflaster in der Mitte der Gassen umherschlendert, kann sich am Anblick der schön gestalteten Fassaden und der romantischen Erker und Geranienfenster erfreuen. Unter den **Arkaden**, wo größer gewachsene Menschen hier und dort sogar den Kopf einziehen müssen, erwartet einen jedoch eine ganz andere Welt. Hier wechseln sich alteingesessene Handwerksgeschäfte mit stillen Cafés und hippen Designerläden ab, und hier spürt man ganz deutlich, dass Bern schon immer eine Stadt war, die ihren Reichtum dem Handel zu verdanken hat. Bereits seit dem Wiederaufbau der Stadt nach dem großen Stadtbrand von 1405 werden unter den Lauben Geschäfte getätigt. Grund für den Bau der Arkaden war schon damals der Schutz der Läden und ihrer Kunden vor dem nicht selten ungemütlichen Berner Wetter. So lobte der Chronist Albrecht von Bonstetten bereits 1479 die „Gassen, die zu beiden Seiten Gewölbe haben, unter denen man trockenen Fusses gehen kann." Das tut man heute noch genauso wie damals und kann dabei ganz Unterschiedliches entdecken.

In der **Spitalgasse** zwischen Bahnhof und Bärenplatz 14 sowie in ihrer Fortsetzung bis zum Zytglogge 1, der **Marktgasse** [E5], dominieren die allseits bekannten **Schweizer und internationalen Ketten**. Daneben gibt es einige vornehmere Geschäfte in den Bereichen Kleidung, Schmuck und Confiserie.

Richtig interessant wird es unterhalb vom Zytglogge in der Kramgasse 2, der Gerechtigkeitsgasse, der Rathausgasse [F5] und der Münstergasse [F5]. Hier verkaufen junge Designer selbstgestalteten Schmuck und Kleider, bei Antiquitätenhändlern kann man sich auf die Suche nach der langersehnten alten Bonbonniere oder einem klassischen Kerzenhalter aus Messing machen und möglicherweise lassen sich eine Handwerkerin oder ein Künstler sogar bei der Arbeit im Atelier über die Schulter schauen.

Größere Geschäfte haben in Bern montags bis mittwochs sowie freitags von 9 bis 18 oder 19 Uhr, samstags bis 17 Uhr geöffnet. Der Donnerstag ist „lang", hier kann man bis 20 Uhr einkaufen. **Sonntags** sind die Läden mit Ausnahme derjenigen im Bahnhof ganz **geschlossen**. Kleinere, inhabergeführte Geschäfte weichen oft stark von diesem Schema ab, manche haben ganz klassisch montags oder mittwochs komplett geschlossen.

Das Mitbringsel aus Bern schlechthin ist natürlich **Schweizer Schokolade**. Darüber hinaus findet man möglicherweise schönen handgearbeiteten Schmuck oder anderes **Kunsthandwerk**. Und für Outdoor-Fans und

Shoppingareale

Die wichtigsten Shoppingbereiche der Stadt sind im Kartenmaterial mit einer rötlichen Fläche markiert.

Hobby-Heimwerker ist vielleicht ein **Schweizer Taschenmesser** genau das Richtige.

Lebensmittel und Märkte

Märkte

Bern ist eine traditionelle Marktstadt. Ein Besuch auf dem „Märit", wie man auf Berndeutsch sagt, gehört für viele bis heute zum wöchentlichen, wenn auch nicht unbedingt preiswerten Ritual. Auch für Besucher lohnen das bunte Treiben und die hochwertigen Lebensmittel einen Blick. Wer weiß: Vielleicht findet man ja gerade hier ein ideales Mitbringsel für die Daheimgebliebenen.

› **Gemüse-, Obst- und Blumenmarkt Bärenplatz** ⓮, Tram, Bus: Bärenplatz, Mo.–Fr. 8–18, Sa. 8–16 Uhr (Jan.–März und Nov. nur Di. und Sa.). Traditioneller Lebensmittelmarkt mit allerlei Leckereien aus der Region und vom Mittelmeer. Achtung: Die auf den Preistafeln angegebenen Beträge beziehen sich zumeist auf halbe Kilos! Genau hinschauen lohnt sich.

95 [E5] **Gemüse-, Obst- und Blumenmarkt Bundesplatz und Schauplatzgasse,** Tram, Bus: Bahnhof oder Buslinien 10 und 19: Bundesplatz, Di. und Sa. 8–12.30 Uhr. Erweiterung des Bärenplatz-Marktes (s. links) an den Haupt-Markttagen. Unter den Lauben in der Schauplatzgasse haben die Bauern aus der Region ihre Stände.

96 [F5] **Handwerkermarkt,** Münsterplattform, Bus 12: Rathaus oder Mattelift: Bergstation, jeden 1. Samstag im Monat von 8–16 Uhr sowie an Sonntagen im Advent 10–17 Uhr. Schöner, von 80 Künstlern und Handwerkern selbst organisierter Markt direkt auf der Münsterplattform, tolle Aussicht inklusive. Hier gibt es hochwertige Holz- und Filzwaren, Schmuck, Naturkosmetik und sogar Honig aus Berner Produktion.

97 [G5] **Matte-Flohmarkt,** Mühleplatz, Mattelift: Talstation, Mai–Okt. jeden 3 Sa. im Monat 8–16 Uhr. Klassischer Flohmarkt auf dem zentralen Platz des Mattequartiers.

98 [F5] **Münstergass-Markt**, Münstergasse, Tram, Bus: Zytglogge, Di., Sa. 8–12.30 Uhr. Lebensmittelmarkt mit qualitativ hochwertigen Erzeugnissen

Bunte Blumenpracht auf dem Bärenplatz [E5]

und vielen Bio-Produkten. Besonders samstags ist das dichte Treiben sehenswert, es wird engagiert angeboten und kritisch probiert. Der Münstergass-Markt ist bei den Bernern deutlich beliebter als der Markt auf dem Bärenplatz.

› **Warenmarkt auf dem Waisenhausplatz** 12, Tram, Bus: Bärenplatz, Di. 8–18, Sa. 8–17 Uhr, April–Okt. zusätzlich Do. 9–18 Uhr. Während gegenüber auf dem Bärenplatz Tomaten und Äpfel auf die Kundschaft warten, wird auf dem Waisenhausplatz ein erstaunliches Sammelsurium aus Hüten, Batikkleidern, CDs und besonders hautverträglichen Seifen feilgeboten. Erinnert eher an die typischen italienischen Warenmärkte, ist aber durchaus einen Bummel wert.

Confiserien und Feinkostläden

Trüffel, Pralinen, Macarons, Meringues und Co. eignen sich sehr gut als Berner Souvenir, man muss nur gut aufpassen, dass man die Leckereien nicht während der Rückfahrt selbst aufisst. Wer es deftiger mag, kann auch zu einer Schweizer Käsespezialität greifen. Die meisten Feinkosthändler packen den Käse auf Anfrage gerne in Vakuumfolie ein.

99 [B3] **Au Cochon Rose**, Länggassstr. 36, Bus 20: Mittelstrasse, www.cochonrose.ch, Mo., Di., Do., Fr. 8–12.30 und 14.30–18.30, Sa. 8–16 Uhr. Berns einzige Bio-Metzgerei bietet heimische Wurstspezialitäten wie Cervelat, Störemetzgerwurst und Berner Zungenwurst.

100 [D5] **Beeler,** Spitalgasse 36, Tram, Bus: Bahnhof, www.confiserie-beeler.ch, Mo.–Fr. 7.30–19, Sa. 7.30–17, So. 8.30–18 Uhr. Renommierte Confiserie, die insbesondere für ihre Obstkuchen bekannt ist.

101 [F5] **Chäsbueb,** Kramgasse 83, Tram, Bus: Zytglogge, www.chaesbueb.ch, Mo. 11–18.30, Di.–Do. 9–18.30, Fr. 8–18.30, Sa. 8–17 Uhr. Modern-minimalistisch eingerichteter Käseladen mit über 250 von Inhaber Kurt Staudenmann ausgewählten Sorten. Zum Käse werden der passende Senf, Antipasti und Wein angeboten.

102 [F4] **Chäshütte,** Rathausgasse 82, Tram, Bus: Zytglogge, www.chaeshuette-bern.ch, Mo., Di., Do., Fr. 8–18.30, Mi. 8–12.30 und 16.30–18.30, Sa. 8–17 Uhr. Viele Berner waren um ihren Lieblings-Käseladen besorgt, als Dieter Heugel, Inhaber in der dritten Generation, ankündigte, sich nach 50 Jahren aus der Chäshütte zurückzuziehen. Zum Glück fand er auf den letzten Drücker würdige Nachfolger in Person der Brüder Patrick und Dominic Bärfuss, die für die

006be-gk

Die Berner Märkte bieten für jeden Geschmack etwas

MEIN TIPP

Tea-Rooms

Praktisch jede Berner Confiserie unterhält unter der etwas seltsamen Bezeichnung Tea-Room einen Café-Bereich, in dem man die süßen Leckereien in aller Ruhe und in Gesellschaft einer Tasse Kaffee (ja, im Tea-Room gibt es nicht nur Tee!) nebst Zeitung genießen kann. In vielen dieser Tea-Rooms, so etwa in dem der Confiserie Eichenberger am Bahnhofplatz (s. u.), hat man das Gefühl, die Zeit sei stehengeblieben: im 1960er-Jahre-Interieur palavern leise ein paar ältere Herrschaften, Damen aus der Berner Oberschicht bestellen eine zweite Portion Meringues, eine konservativ-adrett gekleidete Kellnerin huscht vorbei ...

Übernahme des rustikalen Ladens ihre gut bezahlten Jobs aufgaben. Der hervorragende Käse wird zum Teil im eigenen Sandsteinkeller gereift. Die seit der Eröffnung 1894 kaum veränderte Einrichtung ist gewissermaßen der Gegenentwurf zum vornehmen „Chäsbueb" (s. S. 81).

103 [D4] **Eichenberger (1),** Bahnhofplatz 5, Tram, Bus: Bahnhof, Mo.–Fr. 7–18.30, Sa. 8–17 Uhr, und Bahnhof Tiefgeschoss, Mo.–Fr. 6–19, Sa. 7.30–18, So. 8–18 Uhr, www.confiserie-eichenberger.ch. Die Confiserie Eichenberger ist vor allem für ihr saisonal wechselndes Pralinenangebot bekannt. Weitere Filiale:

104 [F5] **Eichenberger (2),** Kramgasse 57, Tram, Bus: Zytglogge, Mo.–Fr. 7.30–18, Sa. 7.30–17, So. 9.30–17 Uhr

105 [E4] **Glatz,** Waisenhausplatz 21, Tram, Bus: Bärenplatz, www.glatz-bern.ch, Mo.–Fr. 7–18, Sa. 7.30–16 Uhr. Die Confiserie Glatz ist der Erfinder des legendären Mandelbärli, eines der kulinarischen Wahrzeichen Berns. Die weichen Bären aus Mandeln, Zucker, Butter und Eiweiß gibt es in verschiedenen Geschmacksrichtungen und Verpackungsgrößen zu kaufen.

106 [E5] **Läderach (1),** Marktgasse 5, Tram, Bus: Zytglogge, www.laderach.com, Mo.–Fr. 9–18.30, Sa. 9–17 Uhr. Großer, international bekannter Konditorei-Filialist mit sehr leckeren Produkten. Besonders empfehlenswert ist die handgeschöpfte „Frisch-Schoggi". Wer es dann zu Hause nicht mehr ohne aushält, erhält auch in einer der Filialen in Deutschland und Österreich Nachschub. Weitere Filiale:

107 [D4] **Läderach (2),** Bahnhof Tiefgeschoss, Mo.–Fr. 7.30–21, Sa. 8–20, So. 10–20 Uhr

108 [F5] **Tschirren,** Kramgasse 73, Tram, Bus: Zytglogge, www.swiss-chocolate.ch, Mo.–Fr. 8.15–18.30, Sa. 8–17, So. 9–17 Uhr. Seit drei Generationen im Familienbesitz, ist die Confiserie Tschirren nicht nur die Lieblingskonditorei des Berner Bürgertums, sondern erfreut sich auch großer Beliebtheit in Übersee. Für diejenigen Kunden, für die die Kramgasse nicht gerade um die Ecke liegt, bietet Familie Tschirren die Möglichkeit, Trüffel und Pralinen individuell portioniert online zu bestellen.

Supermärkte

Der Schweizer Lebensmitteleinzelhandel wird von den beiden Riesen **Coop** (gesprochen als eine Silbe mit langem o) und **Migros** (gesprochen „Migro") dominiert. Auffallend ist die **durchgängig hohe Qualität** im Vergleich zum Sortiment deutscher und österreichischer Lebensmittelläden. Insgesamt liegen die Preise für Lebensmittel im Durchschnitt höher als in Deutschland und Österreich. In den Migros-Märkten werden traditionell keine alkoholischen Getränke verkauft (wohl aber in der Migros-Discounttochter Denner).

Sowohl Migros als auch Coop werden als **Genossenschaften** geführt. Beide Unternehmen haben einen großen Einfluss auf Staat und Gesellschaft, nicht zuletzt durch die hohe Zahl ihrer Beschäftigten, ihren enormen Umsatz und ihre Präsenz in den unterschiedlichsten Bereichen des Alltags: Beide führen neben den Supermärkten ein großes Netz an Fachgeschäften von Elektronik über Möbel bis Schmuck. Auch im Ölgroßhandel sind die Gesellschaften engagiert und unterhalten zudem eigene Tankstellennetze. Die Migros besitzt sogar eine Bank (Coop hat ihre vor einigen Jahren verkauft), eine Bergbahn, eine landesweit tätige Volkshochschule und ein Museum für zeitgenössische Kunst. Außerdem gibt sie unter der Bezeichnung „Migros Kulturprozent" ein halbes Prozent ihres jährlichen Umsatzes für Kulturförderung aus. Im Jahr 2022 belief sich die Summe auf rund 140 Millionen SFr; damit ist die Migros eine wesentliche Akteurin des Schweizer Kulturlebens.

Die Öffnungszeiten der Supermärkte entsprechen denen der anderen Geschäfte. Eine Ausnahme bilden die Läden im Bahnhof, die länger und auch am Sonntag geöffnet haben.

- **109** [D4] **Coop,** Bahnhof Tiefgeschoss, Mo.–Sa. 6–23, So. 7–23 Uhr
- **110** [D4] **Migros,** Bahnhof Galerie (Obergeschoss), tägl. 8–21 Uhr
- **111** [D5] **Migros Christoffel,** Bahnhof Tiefgeschoss, tägl. 6–22 Uhr

Überdachtes Shoppingvergnügen: die historischen Laubengänge in der Altstadt

Antiquitäten und Bücher

- **112** [G4] **Agathe Bagnoud,** Postgasse 50, Bus 12: Rathaus oder Nydegg, Do.–Fr. 10–12.30 und 15–18.30, Sa. 10–16 Uhr. Antiquitäten und historischer Kleinkram in stimmungsvoller Atmosphäre.
- **113** [F5] **Buchhandlung zum Zytglogge,** Hotelgasse 1, Tram, Bus: Zytglogge, www.zytglogge-buchhandlung.ch, Mo. 12–18.30, Di.–Fr. 9–18.30, Sa. 9–16 Uhr. Legendäre, inhabergeführte Buchhandlung, die seit der Gründung im Jahr 1936 allen Zentralisierungstendenzen auf dem Büchermarkt trotzt.
- **114** [F4] **Bücher-Brockenhaus,** Rathausgasse 30, Tram, Bus: Zytglogge, www.buecherbrockenhaus.ch, Di.–Fr. 14–18.30, Sa. 9–12 und 14–16 Uhr. Sehr gut sortiertes Antiquariat mit eigener Kinderabteilung.
- **115** [B3] **Bücher-Brocky,** Länggassstr. 46, Bus 20: Unitobler, www.buecher-brocky.ch, Mo.–Fr. 10.30–18.30, Sa. 9–17 Uhr. Antiquariat direkt gegenüber der Unitobler (s. S. 40).
- **116** [F5] **Münstergass-Buchhandlung,** Münstergasse 33, Tram, Bus: Zytglogge, www.muenstergass.ch, Mo.–Fr. 9–18.30, Sa. 8.30–17 Uhr. Sehr gut sortierte Buchhandlung mit

007be-gk

Schwerpunkt Kunst, Kulturwissenschaften und Belletristik.

117 [E2] **Sinwel,** Lorrainestr. 10, Bus: Gewerbeschule, www.sinwel.ch, Mo.-Fr. 10-13 und 14-18.30, Sa. 9-16 Uhr. Kultige Buchhandlung in der Lorraine mit einem Suchservice für vergriffene Bücher. Neben dem üblichen Sortiment hat sich das Sinwel auf technische Werke wie etwa historische Eisenbahn-Fachliteratur oder Reparaturanleitungen für Autos spezialisiert. Da kann das Internet einpacken!

Mode und Schuhe

118 [F5] **Boutique Flirt,** Kramgasse 70, Tram, Bus: Zytglogge, Mo. 13-18.30, Di.-Fr. 10-18.30, Sa. 10-17 Uhr. Gut sortiertes Geschäft mit einem Schwerpunkt auf durchaus edler Jeansmode.

119 [E4] **Companero's,** Waisenhausplatz (im Holländerturm), Tram, Bus: Bärenplatz, www.companeros.ch, Mo. 12-18.30, Di.-Fr. 9.30-18.30, Sa. 9.30-17 Uhr. Kleines, gut sortiertes Schuhgeschäft in historischen Gemäuern direkt am Waisenhausplatz 12.

120 [F5] **CPH,** Kramgasse 30, Bus: Rathaus, www.c-p-h.ch, Mo.-Fr. 10-18.30, Sa. 10-17 Uhr. CPH ist die Abkürzung für Kopenhagen, und tatsächlich steht das Geschäft ganz im Zeichen zeitgemäßer Kleider- und Schuhmode aus Skandinavien.

121 [F5] **Eveolution,** Kramgasse 14, Bus: Rathaus, Di.-Fr. 10-18.30, Sa.10-16 Uhr. Boutique mit betont schlichter, stilsicherer Damenmode von verschiedenen Herstellern.

122 [F4] **Glanz + Gloria,** Brunngasse 48, Tram, Bus: Zytglogge, Mo., Di. und Do. 16-18.30, Fr. 16-18, Sa. 13-16 Uhr. Kultiger Secondhandladen zum Stöbern, Finden und Verlieben.

123 [G5] **Hanna Ast,** Junkerngasse 40, Bus: Rathaus, www.hanna-ast.ch, Do., Fr. 14-17.30, Sa. 11-15 Uhr. Die „Ateliergalerie" in der Junkerngasse steht ganz im Zeichen der kälteren Jahreszeit: Hanna Ast präsentiert ihre nicht gerade günstigen, aber dafür aus hochwertigen Materialien handgemachten Schals. Ihre Schwester, die Modedesignerin Maria Dettwiler hat sich - dazu passend - auf Mäntel spezialisiert, die ebenfalls hier zu erwerben sind.

124 [F5] **Moca,** Rathausgasse 5, Bus 12: Rathaus, www.mocabern.ch, Di. 10-17.30, Mi.-Fr. 10-12.15 und 13.30-18, Sa. 10-16 Uhr. Traditionsreiche Boutique mit Damenmode von ausgesuchten Labels.

125 [F5] **Ooonyva,** Münstergasse 35, Tram, Bus: Zytglogge, www.ooonyva.ch, Di.-Fr. 11-18.30, Sa. 10-17 Uhr. Hier kann man schlichte und trotzdem einfallsreiche Kleidung für Damen und Herren von drei jungen Berner Designerinnen kaufen. Die Stücke sind allesamt Unikate und entstehen zum Teil vor Ort im Laden.

126 [F5] **Otis,** Münstergasse 56, Tram, Bus: Zytglogge, www.alexandraotis.ch, Mi.-Fr. 10-13 und 14-18.30 Uhr, Sa. 10-16 Uhr. Alexandra Otis kreiert elegante, alltagstaugliche Mode für Damen und Herren.

127 [E5] **Passo per passo (1),** Marktgasse 35, Tram, Bus: Zytglogge, www.passoperpasso.ch, Mo.-Fr. 11-14 und 14.30-18.30, Sa. 10-17 Uhr. Edle italienische Schuhe für Damen und Herren zu erschwinglichen Preisen. Weitere Filiale:

128 [F5] **Passo per passo (2),** Kramgasse 50, Tram, Bus: Zytglogge, Mo.-Fr. 12-14 und 14.30-18, Sa. 10-17 Uhr

129 [F5] **Rytz,** Kramgasse 5, Bus 12: Rathaus, www.rytzbern.ch, Di.-Fr. 11-18.30, Sa. 10-16 Uhr. Im Rytz wird Nachhaltigkeit groß geschrieben: Mode von Schweizer und europäischen Designern, ausschließlich in Europa gefertigt.

130 [F5] **Secondo (1),** Rathausgasse 34, Tram, Bus: Zytglogge, www.secondo.ch, Mo.–Fr. 14.30–18.30, Sa. 11–17 Uhr. Gut sortierte Secondhandläden mit Damen- und Herrenkleidung. Weitere Filiale:

131 [F5] **Secondo (2),** Kramgasse 81 (im Keller), Tram, Bus: Zytglogge, Mo.–Fr. 14.30–18.30, Sa. 11–17 Uhr.

132 [G5] **Skirts,** Gerechtigkeitsgasse 72, Bus 12: Rathaus, www.skirts.ch, Di.–Fr. 12.30–18.30, Sa. 10–16 Uhr. Jennifer Wagner lässt ihre individuellen Röcke allesamt in der Schweiz fertigen. Das Label produziert zwei Kollektionen im Jahr, deswegen gibt es immer wieder Neues zu entdecken.

133 [G5] **Toku,** Gerechtigkeitsgasse 53, Bus 12: Rathaus, www.toku-store.ch, Di., Mi., Fr. 10–18.30, Do. 10–20, Sa. 10–17 Uhr. Toku präsentiert über 20 Schweizer Labels aus den Bereichen Damen- und Herrenmode, Schuhe und Accessoires. Dazu gibt es fantasievolle Damenschuhe der eigenen Marke Tokushuu.

Schmuck, Accessoires, Souvenirs und Krimskrams

134 [F5] **Art of Scent,** Rathausgasse 49, Tram, Bus: Zytglogge, Do.–Fr. 13.30–18.30, Sa. 10–16 Uhr. Parfumeurin Brigitte Witschi präsentiert in ihrem Atelier eigene Kreationen abseits der Massenprodukte. Legendär ist die „Bern Collection“ mit Düften wie „Aarewasser“ und „Rosengarten“, aber wer mag, kann unter Anleitung der Meisterin auch ein ganz eigenes Parfum kreieren.

135 [F5] **Carré,** Rathausgasse 28, Tram, Bus: Zytglogge, www.carre-schmuck.ch, Di.–Fr. 10–12.30 und 13.30–18.30, Sa. 10–17 Uhr. Außergewöhnliche Taschen, Accessoires und sogar Wachstücher.

Beliebter Treffpunkt: die Loeb-Egge am Bahnhof

008be-gk

136 [E5] **Chat Noir,** Marktgasse 53, Tram, Bus: Bärenplatz, www.chat-noir.ch, Mo. 10–18.30, Di., Mi., Fr. 9–18.30, Do. 9–20, Sa. 9–17 Uhr. Dekoartikel, Souvenirs, Poster, Krimskrams – im Chat Noir gibt es fast alles zu kaufen – Hauptsache schön retro.

137 [D5] **Chèvre,** Spitalgasse 26 (Untergeschoss), Tram, Bus: Bärenplatz, www.trudi-chevre.ch, Di., Mi., Fr. 9–12 und 13–18, Do. 9–12 und 13–19, Sa. 9–16 Uhr. Individuelle Kreationen von Goldschmiedin Trudi Chèvre.

KURZ & KNAPP

Loeb-Egge

Jeden Abend und insbesondere am Wochenende sieht man größere Menschenmengen vor dem Haupteingang des Kaufhauses Loeb am Bahnhofplatz. Sie wollen mitnichten kurz vor Ladenschluss shoppen gehen – vielmehr verabredet man sich vor dem Ausgehen bevorzugt an diesem Ort, der allen Bernern als Loeb-Egge bekannt ist. Die findigen Macher des Kaufhauses ließen sogar ein (inoffizielles) Straßenschild mit der Aufschrift „Loeb-Egge“ am Eingang anbringen.

138 [F5] **CMX,** Rathausgasse 46, Tram, Bus: Zytglogge, www.cmx-switzerland.com, Mo. 12–18.30, Di.–Fr. 10–18.30, Sa. 9.30–17 Uhr. Kleiner Laden voll mit knallbunten Geschenkartikeln, Spielzeug und Krimskrams.

139 [E5] **Farfalla**, Spitalgasse 4 (Untergeschoss), Tram, Bus: Bärenplatz, www.farfalla.ch, Mo.–Fr. 9.30–18.30, Sa. 9.30–17 Uhr. Hervorragende Naturkosmetik und Parfums von einem inhabergeführten Schweizer Familienunternehmen.

140 [F5] **Heimatwerk,** Kramgasse 61, Tram, Bus: Zytglogge, www.heimatwerk-bern.ch, Di.–Fr. 11–18, Sa. 9–17 Uhr. Im Heimatwerk gibt es angenehm kitschfreie Souvenirs und allerlei Kunsthandwerk aus Schweizer Produktion.

141 [F5] **Iljos Cucina,** Kramgasse 51, Tram, Bus: Zytglogge, www.iljos-cucina.ch, Mo.–Fr. 9–18.30, Sa. 9–17 Uhr. Quietschbunter Laden mit allerlei fantasievollen Haushaltswaren und witzigen Geschenkartikeln. Besonders bekannt ist der Weihnachtsschmuck.

142 [G5] **Karlen,** Gerechtigkeitsgasse 17, Bus 12: Nydegg, www.goldschmied-karlen.ch, Di.–Fr. 10–12.30 und 14–18, Sa. 10–16 Uhr. Stefan Karlen hat sich auf erlesenen Schmuck aus Perlen und Opal spezialisiert.

143 [F4] **Klötzli,** Rathausgasse 84, Tram, Bus: Zytglogge, www.klotzli.com, Mo. 9–18.30, Di.–Fr. 8.30–18.30, Sa. 8.30–17 Uhr. Legendäre Messerschmiede, die in der sechsten Generation von den Geschwistern Nina und Samuel Klötzli geführt wird. Hier gibt es neben den bekannten Schweizer Taschenmessern von Victorinox auch Messer aus eigener Herstellung zu kaufen.

144 [D5] **Kurz,** Spitalgasse 38, Tram, Bus: Bahnhof, www.kurzschmuckuhren.ch, Mo.–Fr. 9.30–18.30, Sa. 9.30–17 Uhr. Breite Auswahl aller bekannten Schweizer Uhrenmarken von Omega bis Tissot.

145 [D4] **Läderbutigg,** Speichergasse 14/16, Bus: Bollwerk, www.lederboutique.ch, Mo. 10–13 und 14–18.30, Di., Mi. und Fr. 9–12.15 und 13.30–18.30, Do. 9–12.15 und 13.30–21, Sa. 9–17 Uhr. Hier ist alles aus Leder: Taschen, Mappen, Etuis, Rucksäcke und Bekleidung.

146 [E5] **Le Petit Chat Noir,** Theaterplatz 4, Tram, Bus: Zytglogge, www.chat-noir.ch, Mo.–Fr. 10–18.30, Sa. 9–17 Uhr. Tolle Geschenke und Geburtstagsartikel für die Kleinen sowie liebevolle Deko fürs Kinderzimmer.

147 [F5] **Sattlerei Fiona Losinger,** Münstergasse 48, Tram, Bus: Zytglogge, www.fionalosinger.ch, Do.–Fr. 11–18.30, Sa. 10–17 Uhr. Fiona Losingers Geschäft ist die Adresse für hochwertige Damentaschen in Bern. Alle Stücke werden aus pflanzlich gegerbtem Leder in Bern hergestellt.

148 [F5] **Streetbelt,** Rathausgasse 53, Tram, Bus: Zytglogge, www.streetbelt.ch, Do., Fr. 11–17 Uhr. Handwerklich hergestellte Gürtel mit Schnallen aus alten Hydrantenschildern.

MEIN TIPP

Shop'n' Stop

Im Kaufhaus Loeb (s. S. 87) sitzt man in der Café-Bar Energy Kitchen mit schönem Blick über das Treiben auf dem Bahnhofplatz und genießt Kaffee, Gebäck und kleine Gerichte in Bio-Qualität.

Das Café Littéraire der zum deutschen Thalia-Konzern gehörenden Großbuchhandlung Stauffacher punktet mit seiner konzentrierten Atmosphäre inmitten des quirligen Ladens und seinen leckeren Mittagsmenüs. Im Sommer sitzt man sehr schön auf der ruhigen Dachterrasse.

149 [D4] **Café Littéraire,** Neuengasse 25–37, Mo.–Mi., Fr. 9–19, Do. 9–20, Sa. 9–17 Uhr

150 [F5] **Uhrsachen,** Kramgasse 19, Bus 12: Rathaus, www.uhrsachen.ch, Di.–Fr. 10–18.30, Sa. 10–17 Uhr. In diesem Fachgeschäft kann man besondere Uhren von kleinen Herstellern abseits des Mainstreams und der hinlänglich bekannten Luxusmarken kaufen.

151 [E4] **Yamatuti,** Aarbergergasse 16–18, Tram, Bus: Bärenplatz, www.yamatuti.ch, Mo.–Mi., Fr. 10–18.30, Do. 10–21, Sa. 10–17 Uhr. Kitsch as Kitsch can: Im Yamatuti bekommt man von der batteriebetriebenen chinesischen Winkekatze bis zum pseudobarocken Jesus-Portrait so ziemlich alles, was schön bunt ist.

Kaufhäuser

152 [D5] **Globus,** Spitalgasse 17, Tram, Bus: Bärenplatz, www.globus.ch, Mo.–Mi., Fr. 9–19, Do. 9–20, Sa. 9–17 Uhr. Berner Ableger der traditionsreichen Edel-Kaufhauskette. Vollsortiment mit einem Schwerpunkt auf hochwertiger Mode. Die auch im Ausland bekannte Comicfigur Globi wurde ursprünglich 1932 für das 25. Firmenjubiläum von Globus entwickelt.

153 [D5] **Loeb,** Spitalgasse 47–51, Tram, Bus: Bahnhof, www.loeb.ch, Mo.–Mi. 9–19, Do. 9–21, Fr. 9–20, Sa. 8–17 Uhr. Eine Berner Institution mit Vollsortiment. Senior-Chef François Loeb glänzte während seiner Amtszeit immer wieder mit verrückten Ideen, so etwa einer Weihnachtsbackstube im Schaufenster oder einem Pyjama-Verkauf um Mitternacht (die strengen Berner Gesetze regeln zwar den Ladenschluss, nicht aber die Ladenöffnung). Seit 2013 schreibt er vor allem Bücher für Kinder und Erwachsene und hat den Staffelstab an seine Tochter Nicole übergeben, die das Kaufhaus im Sinne ihrer Vorfahren weiterführt.

Bern zum Durchatmen

Der schönste Ort in Bern zum Entspannen und Luftholen ist zweifelsohne der **Gurten**, der Hausberg der Stadt. Auf seinem langgezogenen Rücken finden sich wunderbare Spazierwege, ein Aussichtsturm, eine Mountainbike-Downhill-Strecke, Schlitten- und Skipisten, zwei Restaurants (s. S. 65 bzw. S. 71) – und jede Menge Grün, das zum Sitzen, Liegen oder Laufen einlädt, Alpen- und Stadtpanorama inklusive. Kinder können sich auf dem Abenteuerspielplatz austoben oder eine Runde auf der Kindereisenbahn drehen. Dienstagabends lässt sich von der Sternwarte aus der Nachthimmel beobachten. Der leichteste Weg auf den Gurten erfolgt mit der **Gurtenbahn,** einer Standseilbahn, aus dem Vorort Wabern (die Talstation liegt an der Haltestelle Gurtenbahn der Tramlinie 9 bzw. an der S-Bahn-Haltestelle Wabern; die Gurtenbahn fährt montags bis samstags alle 15 Minuten zwischen 7 und 23.30 Uhr, sonntags nur bis 20 Uhr, und braucht kurze 5 Minuten auf den Gipfel). Selbstverständlich kann man aber auch zu Fuß hochsteigen. Eine eigene Internetseite hat der Berg auch: Auf www.gurtenpark.ch erfährt man alles Wissenswerte über den Ort selbst und die angebotenen Freizeitmöglichkeiten.

An Wochenenden mit schönem Wetter kann es trotz der Weitläufigkeit des Geländes etwas voll werden.

Zentraler als der Gurten liegt der **Rosengarten** (Anfahrt mit Buslinie

MEIN TIPP

Die Alpen fest im Blick

Jedes Jahr im Juli lassen es die Rockfans beim Gurtenfestival oben auf dem Gipfel richtig krachen (s. S. 89).

072be-gk

MEIN TIPP

Stille Orte in Bern

Ein besonders ruhiges Plätzchen ist die **Grabenpromenade** gegenüber vom Stadttheater am Kornhausplatz ⑩. Hier befinden sich weder ein Graben noch eine Promenade, sondern ein kleiner Platz mit einem Reiterstandbild, Bänken und schönen alten Linden, unter denen man gut ein Päuschen einlegen kann.

Ruhig geht es auch frühmorgens im **Marzilibad** (s. S. 118) zu, wenn die Studenten noch schlafen und die Berufstätigen in ihren Büros sitzen, um erst später am Tag das legendäre Freibad zu entern. Morgens drehen nur ein paar hartgesottene Senioren ihre Runden in den Becken oder lassen sich in der eiskalten Aare treiben – der beste Moment, um auf einer der hölzernen Sonnenliegen oder im Gras ein kleines Sonnenbad zu nehmen, bevor man in den Tag startet.

10, Haltestelle Rosengarten, oder kurzer, aber steiler Spaziergang vom Bärengraben). Aus dem oberhalb vom Bärengraben gelegenen Park hat man die wohl schönste Aussicht auf die Altstadt. Besonders romantisch ist es an warmen Sommerabenden, wenn die gegenüber untergehende Sonne die Dächer in goldenes Licht taucht. Fotos macht man hingegen besser am Vormittag, dann hat man die Sonne im Rücken. Wie auf dem Gurten gibt es auch im Rosengarten ein schönes **Panoramarestaurant** (s. S. 67).

Wer das Alpenpanorama mit den drei markanten Gipfeln **Eiger, Mönch** und **Jungfrau** genießen möchte, sitzt auf der **Kleinen Schanze** neben dem Bundeshaus ⑮ am besten. In dem kleinen Park lockt auch ein entspanntes Café mit Liegestühlen (Park-Café und Restaurant **Kleine Schanze**, www.kleineschanze.ch, bei guter Witterung Di.–Fr. 11.30–19, Sa./So. 10–19 Uhr). Die **Grosse Schanze** beim Hauptgebäude der Universität (Anfahrt mit dem Schanzenlift aus der Bahnhofsunterführung oder mit Buslinie 20, Haltestelle Universität) oberhalb vom Bahnhof bietet bei gutem Wetter das klassische Berner Postkartenpanorama mit Heiliggeistkirche, Münsterturm, Altstadtdächern und den Bergriesen des Oberlandes. Hier sorgt das **Selbstbedienungsrestaurant Grosse Schanze** (www.grosseschanze.ch, Mo.–Mi. 9–22, Do., Fr. 9–23, Sa. 14–20 Uhr) für das leibliche Wohl.

⌃ Auch Albert Einstein schätzt eine kleine Pause im Rosengarten

› Beim Gurtenfestival geht es im Juli auf dem Berner Hausberg hoch her

Zur richtigen Zeit am richtigen Ort

Frühling

- Februar oder März: Da Bern sehr stark von der Reformation geprägt ist, wurde die als katholisch geltende **Fasnacht** schon 1524 verboten. Erst über 450 Jahre später, 1982, geriet die Stadt erstmals wieder in die Hände der Narren. Seither wird die Traditionslücke mit großem Engagement wettgemacht, was dazu geführt hat, dass die Berner Variante nach den traditionsreichen Feierlichkeiten in Basel und Luzern inzwischen die drittgrößte Fasnacht der Schweiz ist. Die Berner Fasnacht beginnt am Donnerstag *nach* Aschermittwoch und dauert bis zum Sonntag. Wie bei süddeutsch-alemannischen Fasnachtsfeiern üblich, ziehen an diesen Tagen bunt verkleidete Guggenmusik-Kapellen durch die Altstadtgassen, es werden gereimte Schnitzelbänke vorgetragen und die Hexen treffen sich auf dem Münsterplatz zur Hexenfasnacht. Ansonsten kann in dieser verrückten Zeit (fast) alles passieren ...
- März bis Mai: Alles, was in der zeitgenössischen Jazzszene Rang und Namen hat, ist schon einmal beim **Internationalen Jazzfestival Bern** aufgetreten oder wird es auf jeden Fall noch tun. Das Festival ist eigentlich eine lose Folge von Konzerten an verschiedenen Orten in der Stadt, Mittelpunkt ist Marian's Jazzroom (s. S. 76). Das detaillierte Programm ist jeweils ab Januar unter www.jazzfestivalbern.ch abrufbar.
- Mai: Über 30.000 Läufer wagen sich jedes Jahr im Mai auf die „schönsten 10 Meilen der Welt" oder je nach Gusto und Fitness auf die 4,7-Kilometer-Strecke durch die Altstadt. Auf jeden Fall bietet der **Grand Prix von Bern** eine der sehenswertesten Kulissen in Europa und gibt den Läufern damit zusätzlichen Ansporn. Infos und Anmeldung: www.gpbern.ch.
- Mai: Seit über 30 Jahren holt das **Theaterfestival Auawirleben** eine spannende Auswahl zeitgenössischer Produktionen aus Europa und Übersee nach Bern. Traditionell entstammen viele der Aufführungen der reichen Theaterszene Hollands und Belgiens. Spielorte sind zumeist die Dampfzentrale (s. S. 75), das Schlachthaus (s. S. 77) und das Tojo Theater (s. S. 78). Detailliertes Programm: www.auawirleben.ch.

Sommer

- Juni: Beim **Frauenlauf** können sich Läuferinnen entweder an eine 5 oder eine 10 Kilometer lange Strecke durch die Altstadt und das Kirchenfeld-Quartier wagen. Wer es langsamer mag, nimmt die – allerdings 15 Kilometer lange – Walking-Strecke. Infos und Anmeldung: www.frauenlauf.ch.
- Juli: Vier Tage lang rocken beim **Gurtenfestival** bekannte Bands die Bühne auf dem Berner Hausberg. Mit seiner Aussicht auf Stadt und Alpen ist das Gurtenfestival eines der landschaftlich reizvollsten Rockfestivals in Europa. Infos und Karten: www.gurtenfestival.ch.
- Juli–August: Der **BeJazzSommer** sorgt nach dem Dezibelfeuerwerk des Gurtenfestivals (s. o.) für leisere, aber nicht minder intensive Töne. Auf der Bühne auf

013be-bt

dem Rathausplatz dreht sich alles um die verschiedenen Spielarten des Jazz. Infos: www.bejazz.ch.

- August: Auch beim **Buskers Bern** dreht sich alles um Musik! Das traditionsreiche Straßenmusikfestival bringt von Liedermachern bis Jongleuren alle Variationen der Straßenkunst auf die Gassen und Plätze der Altstadt. Schon manche Musikerkarriere bekam zwischen Zytglogge und Rathaus einen entscheidenden Schub. Infos: www.buskersbern.ch.
- August: Den **Bundesfeiertag** am 1. August verbringen viele Berner mit der Familie und Freunden beim gemeinsamen Grillen im Garten oder auf dem Balkon. Die Stadt wird richtig herausgeputzt, am Abend steigen Feuerwerke.

Herbst

- September: Beim **Musikfestival Bern** kommen Freunde der klassischen Musik auf ihre Kosten. Konzerte und Opernaufführungen bilden das Rückgrat des rund zweiwöchigen Festivals, das auch ein eigenes Kinder- und Familienprogramm bietet. Infos und Karten: www.musikfestivalbern.ch.
- Oktober: Das **Kurzfilmfestival „shnit"** ist eine der wichtigsten Leistungsschauen für Filme bis 40 Minuten Länge. Von Bern aus organisiert, findet das Festival in mehreren Städten auf der ganzen Welt parallel statt. Infos: www.shnit.org.
- November: Beim **Zibelemärit** am vierten Montag im November steht die ganze Stadt Kopf. Ab morgens um 4 Uhr wird gefeiert, Zwiebelkuchen gegessen und mit kiloweise Konfetti geworfen. Menschenmengen schieben sich dicht an dicht durch die Gassen der Altstadt. Besonders sehenswert sind die liebevoll geflochtenen bunten Zwiebelzöpfe der Händler. Kinder bekommen beim Besuch des Jahrmarktes auf der Schützenmatte vor der Reitschule leuchtende Augen.

Feiertage in Bern

- **1. Januar:** Neujahrstag
- **2. Januar:** Berchtoldstag
- **Ostern:** Sowohl Karfreitag als auch Ostermontag sind Feiertage.
- **Christi Himmelfahrt** (in der Schweiz „Auffahrt")
- **Pfingstmontag**
- **1. August:** Bundesfeiertag im Gedenken an den Rütlischwur, der am 1. August 1291 geleistet worden sein soll (s. S. 95)
- **Zibelemärit:** der Zibelemärit am vierten Montag im November ist zwar kein offizieller Feiertag, es herrscht aber in der ganzen Stadt Ausnahmezustand. Wer kein besonderes Geschäft wittert, hat den ganzen Tag über oder zumindest nachmittags geschlossen
- **25./26. Dezember:** 1. und 2. Weihnachtstag (der 2. Weihnachtstag wird hier „Stephanstag" genannt)

Winter

- November und Dezember: Gleich zwei **Weihnachtsmärkte** laden in der Adventszeit zum gemütlichen Bummel ein. Auf dem Münsterplatz sind Kunsthandwerker präsent, die ihre Kerzen, Textilien, Keramik, Holzobjekte und Bonbons allesamt selbst herstellen. Ebenfalls sehr stimmungsvoll ist der Sternenmarkt auf der Kleinen Schanze (s. S. 88). Etwas kommerzieller geht es zwischen Glühwein und Lebkuchen auf dem Markt auf dem Waisenhausplatz zu.
- Januar: Das **BeJazz Winterfestival** sorgt inmitten des ungemütlichen Januarwetters für herzerwärmende Jazztöne. Spielort des dreitägigen Festivals sind die Vidmarhallen im Vorort Köniz. Infos und Karten: www.bejazz.ch.

BERN VERSTEHEN

020be-bt

Bern – ein Porträt

Hoch oben auf einem Felsen über dem Fluss Aare thront die Berner Altstadt. Sie gilt als einer der am besten erhaltenen historischen Stadtkerne Europas und gehört zum UNESCO-Weltkulturerbe. Sie ist aber beileibe kein Freilichtmuseum: Zwischen den alten Mauern blühen Kultur und Kreativität.

„Ganz schön grün hier", denken sich viele Besucher, wenn sie Bern zum ersten Mal erblicken. Dieser Gedanke gilt nicht nur der ländlich geprägten Umgebung, sondern auch der Stadt selbst: Die gesamte Altstadt vom Bahnhof bis hinunter zur Nydeggkirche 3 besteht aus demselben, **grün-grauen Sandstein** und ist in ihrer Geschlossenheit in Europa einzigartig. Kein Gebäude – mit Ausnahme des gotischen Münsterturms 6 – ragt aus dem Dächergewirr heraus, keine Bausünde – bis auf das 2008 aufgestellte Glasdach über dem Bahnhofplatz – verschandelt den Anblick des historischen Ensembles. Grund für diese einheitliche Bebauung ist eine Katastrophe: 1405 fiel die gesamte, damals noch zumeist aus Holz erbaute Stadt einem **Brand** zum Opfer. Der Magistrat verfügte daraufhin, dass Gebäude nur noch aus Sandstein errichtet werden dürfen. Es lag nahe, den rund um die Stadt verbreiteten grünlichen Berner Sandstein zu nutzen, und dies ist bis heute so geblieben.

Zum Zeitpunkt des Brandes war Bern allerdings schon über 200 Jahre alt. Gegründet wurde die Stadt 1191 von den aus dem Schwarzwald stammenden **Herzögen von Zähringen.** Sie waren leidenschaftliche Städtebauer (s. S. 94) und errichteten die Siedlungen nach dem immer gleichen „Schnittmuster". In der Berner Altstadt kann man diesen Plan bis heute nachvollziehen: eine Hauptgasse, je eine oder zwei weitere, parallel führende Gassen, dazwischen einzelne Quergassen, in den Gassen einheitlich zugeschnittene Baugrundstücke – fertig. Das Prinzip ist so einfach wie logisch und auch auswärtige Besucher freuen sich, da man sich schon sehr bemühen muss, um sich zu verlaufen. Rund 25 Jahre nach der Stadtgründung starben die Zähringer aus. Bern wurde zur

Vorseite: Geheimnisvoll – die Berner Altstadt im Winter

Freien Reichsstadt, regiert von einer Clique von wohlhabenden Bürgerfamilien, den **Patriziern.** Einmal an die Macht gekommen, wurden sie in den folgenden Jahrzehnten und Jahrhunderten immer reicher und mächtiger, bauten ihre Stadt zum größten Stadtstaat nördlich der Alpen aus – und sich selbst prächtige Renaissancehäuser entlang der Kram- und der Gerechtigkeitsgasse 2. Dabei verfielen sie glücklicherweise nicht in Größenwahn, sondern bewiesen Stil und Augenmaß. „Nobel, aber nicht protzig", so das Motto, das bis heute nicht nur die Bauten, sondern auch das **Berner Lebensgefühl** ausmacht. Das Resultat lässt sich bei einem Spaziergang durch die Altstadt besichtigen.

Noch viel länger als die historische Bausubstanz existieren die Berge. **Eiger, Mönch** und **Jungfrau** heißen die drei prominentesten Gipfel des **Berner Oberlandes.** Sie sind von fast überall in der Stadt sichtbar und gehören zu ihr wie das Münster 6 oder das Bundeshaus 15. Dennoch sind sie beileibe nicht immer gleich – je nach Licht, Bewölkung und Tageszeit kann sich die Ansicht dramatisch verändern. Eines ist jedoch sicher: Was immer auch passiert, sie werden noch eine Weile dort stehen und über die Stadt wachen.

Bern in Zahlen

- **Gegründet:** 1191
- **Einwohner:** 144.447
- **Fläche:** 51,6 km²
- **Bevölkerungsdichte:** 2799 Einw./km²
- **Höhe ü. M.:** 542 m
- **Arbeitslosenquote:** 1,7 %
- **Ausländeranteil:** 24 %

Manche mögen sich wundern, warum das relativ kleine Bern mit seinen damals knapp 30.000 Einwohnern 1848 zur **Bundesstadt der modernen Schweiz** gewählt wurde – und nicht etwa die „echte" Großstadt Zürich. Auch Basel und Genf sind größer und wirtschaftlich und kulturell bedeutender. Nun, die Antwort lautet: genau deswegen. Die Schweiz ist – sehr sinnvoll bei einem Land, in dem so viele Menschen unterschiedlicher Herkunft auf engem Raum zusammenleben – traditionell ein Land der

Die Altstadt auf der Aarehalbinsel macht Bern so unverwechselbar

021be © VogelSP, stock.adobe.com

Kompromisse. Bern erschien damals nicht zu mächtig, es lag (und liegt) mitten in der Schweiz auf ungefähr halbem Wege zwischen Genf und Zürich, den „gefühlten" Hauptorten der deutsch- und der französischsprachigen Schweiz, und zudem befand sich Bern fast direkt an der Sprachgrenze. Die Berner ihrerseits waren froh und stolz, nach dem Niedergang der alten Patrizierherrschaft unter Napoleon endlich wieder „jemand zu sein".

So wurde Bern zur Beamtenstadt, und dieser eher zweifelhafte Ruf haftet der Stadt auch heute noch an. „Bundesbern" sagt man andernorts in der Schweiz mit gerümpfter Nase, ohne zur Kenntnis zu nehmen, dass Bern sich in den vergangenen Jahrzehnten gewandelt hat. Aus dem

Die Zähringer – die Architekten Berns

Sie waren eines der einflussreichsten **Fürstenhäuser des Mittelalters** im südwestdeutschen Raum: die Zähringer. Von ihrer eher bescheidenen Stammburg Zähringen im Schwarzwald aus hatten sie es innerhalb weniger Generationen durch eine geschickte Politik bis ganz nach oben geschafft. Im 11. und 12. Jh. hatten sie eigentlich alles, was sie brauchten: Ländereien, Bergwerke und – besonders wichtig – das Vertrauen des römisch-deutschen Kaisers. Es kam sogar immer wieder einmal vor, dass ein Zähringer selbst als möglicher Kaiser ins Spiel gebracht wurde.

Eines jedoch fehlte den Zähringern: ein richtiges, zusammenhängendes **Herrschaftsgebiet.** Es gab einfach kein Land namens „Zähringen". Um sie zu entschädigen (und bei der Stange zu halten), wurden sie von den römisch-deutschen Kaisern mit fantasievollen Ehrentiteln überhäuft, die keinerlei praktische Bedeutung hatten. So waren die Zähringer auf dem Papier Herzöge von Kärnten, Markgrafen von Verona und sogar Herzöge von Burgund – letzteres klang besonders gut, brachte aber nicht viel, da es zu jener Zeit gar kein Herzogtum Burgund gab.

Berthold IV. von Zähringen (1125–1186) und sein Sohn Berthold V. (1160–1218) versuchten, dem Missstand des fehlenden Landes beizukommen, indem sie einen wahren **Städtebauboom** an strategisch wichtigen Punkten initiierten. So wurde auch Bern gegründet, neben Städten wie Freiburg im Breisgau, Offenburg, Villingen (heute Teil von Villingen-Schwenningen), Neuenburg am Rhein, Haslach im Kinzigtal, Rheinfelden, Freiburg im Üechtland (Fribourg) 29, Thun, Murten 23 und Burgdorf 20.

Die Zähringer-Städte entstanden nach einem vorgefertigten Plan **am Reißbrett.** Die Grundzutaten für das städtebauliche „Rezept" waren ein rechteckiger Grundriss mit schachbrettartig angelegten Gassen; eine breite Hauptgasse in der Mitte, die auch für den Wochenmarkt genutzt werden konnte; gut zugängliche öffentliche Brunnen; ein offener Stadtbach; möglichst ähnlich große Baugrundstücke und größtmögliche Freiheiten für die Bürger. Dank der schematischen Anlage konnten diese Städte praktisch beliebig erweitert werden, lediglich die Topografie sorgte für eine natürliche Begrenzung.

Was die Bewohner aus ihrer Stadt machten, überließen ihnen die Zähringer schließlich unfreiwilligerweise

verschlafenen Nest ist eine **coole, relaxte Stadt** geworden, mit einem reichhaltigen Kulturleben und einer boomenden Kreativwirtschaft. Diese tragen wesentlich dazu bei, dass die Stadt den Spagat zwischen Mittelalter und Postmoderne, zwischen Tradition und Trend so bravourös meistert und für Besucher zu einem ganz besonderen Erlebnis wird.

selbst, denn mit Berthold V. starb die Familie im Mannesstamm aus, und die Städte wurden zumeist zu Freien Reichsstädten. Danach nahmen sie sehr unterschiedliche Entwicklungen. Einige Orte blieben Kleinstädte von regionaler Bedeutung, so zum Beispiel Thun, Murten und Burgdorf, manche hingegen wuchsen zu wichtigen Zentren heran, wie etwa das deutsche Freiburg und das Schweizer Fribourg (29). Den rasantesten Aufstieg legte aber zweifelsohne Bern hin, das schon bald der größte Stadtstaat nördlich der Alpen wurde. Später häufte es riesige Herrschaftsgebiete und gewaltige Reichtümer an (beide hat es im Zuge der Besetzung durch Napoleons Franzosen verloren), bis es 1848 zur **faktischen Hauptstadt** eines Landes gewählt wurde, das mit Zürich, Basel und Genf drei weitaus größere und wohlhabendere Städte als Hauptstadtkandidaten besessen hätte.

Irgendetwas müssen die Zähringer also bei ihrer Städteplanung richtig gemacht haben – zumal die Berner Altstadt mit ihrer auch 800 Jahre später unverkennbar zähringischen Siedlungsstruktur noch immer eine enorme Anziehungskraft auf Besucher ausübt und ihren Bürgern eine hohe Lebensqualität bietet.

Von den Anfängen bis zur Gegenwart

3. Jh. v. Chr.: Auf der Engehalbinsel nördlich der heutigen Stadt erstreckt sich eine große keltische Siedlung namens Brenodurum.

1. Jh. v. Chr.: Die Römer erobern schrittweise das gesamte Gebiet der heutigen Schweiz und gliedern es in ihr Reich ein. Aus der keltischen Siedlung Brenodurum wird ein römisches Dorf mit der üblichen Infrastruktur wie Straßen, Bäder und Tempel. Bis zu 2000 Menschen leben hier.

4. Jh.: Im Zuge des Zerfalls des Römischen Reiches wird Brenodurum aufgegeben.

7.–10. Jh.: In der Gegend um den heutigen westlichen Stadtteil Bümpliz liegen ein burgundischer Königshof (heute das alte Schloss Bümpliz) und diverse Dörfer und Gutshöfe. Das Gebiet der heutigen Altstadt in der Aareschleife ist noch unbewohnt.

12. Jh.: Die Herzöge von Zähringen lassen zunächst die Burg Nydegg (die heutige Nydeggkirche (3)) auf der Spitze der Aarehalbinsel und später eine kleine Siedlung errichten. Dies ist die Keimzelle der Berner Altstadt.

1191: Berthold V. von Zähringen erweitert die Siedlung bis zum heutigen Zytglogge (1). Dieses Jahr gilt als Gründungsjahr Berns.

1218: Das Geschlecht der Zähringer stirbt im Mannesstamm aus, Bern wird Freie Reichsstadt.

1256: Bern wird zum ersten Mal im großen Stil Richtung Westen erweitert. Der Waisenhausplatz (12), der Bärenplatz (14) und der Käfigturm (13) entstehen.

1291: Die sogenannten Urkantone Uri, Schwyz und Unterwalden schließen auf dem Rütli oberhalb des Vierwaldstättersees den „Ewigen Bund“ gegen die Habsburger, der mit dem **Rütlischwur**

024be-gk

⊡ *So kriegerisch sind die Berner heute nicht mehr*

023be-gk

⊡ *Moderne Zeiten: die Statuen am Bundeshaus (15) halten statt Schwertern Stifte in der Hand*

besiegelt wird und werden dadurch zu „Eidgenossen“. Dieses Ereignis wird heute als Gründungsmoment der Schweiz angesehen.

1345: Bern wird bis auf Höhe der heutigen Heiliggeistkirche (16) erweitert.

1353: Die Stadt schließt sich der Eidgenossenschaft an.

1405: Am 14. Mai brennt fast die gesamte Stadt nieder. Der Magistrat verfügt beim Wiederaufbau, dass in Bern fortan nur noch Gebäude aus Stein errichtet werden dürfen.

15. Jh.: Bern beginnt, sich als Staat zu begreifen und sein Herrschaftsgebiet nach Norden und nach Südwesten auszudehnen.

1528: Die Reformation erreicht Bern und breitet sich schnell aus. Bis heute gehört die weit überwiegende Mehrheit der Berner dem Protestantismus an.

1536: Bern erobert das Waadtland (den heutigen Kanton Waadt/Vaud) und wird zum größten Stadtstaat nördlich der Alpen. Das Gebiet erstreckt sich vom Rhein bis zum Genfersee.

1798: Die Franzosen unter Führung des Generals und späteren Kaisers Napoleon erobern Bern. Die französischen Truppen plündern die Stadt und stehlen den sagenhaften bernischen Staatsschatz, dessen Verbleib zum Teil bis heute unbekannt ist. Napoleon gründet die Helvetische Republik, einen Zentralstaat nach französischem Vorbild.

1803: Durch die sogenannte „Mediationsakte“ Napoleons wird die Helvetische Republik wieder in einen Staatenbund von Kantonen aufgeteilt. Bern verliert die Waadt und den Aargau, die zu eigenständigen Kantonen werden.

1815: Im Zuge des Wiener Kongresses wird der Schweiz die dauerhafte Neutralität zugestanden, die bis heute besteht.

1831: Bern erhält eine neue, modernere Verfassung. Die von wenigen Familien gestellte Patrizierregierung dankt ab,

Wahlen finden statt. In den folgenden Jahren fechten die Liberalen und die aus den Patriziern hervorgegangenen Konservativen erbitterte politische Kämpfe aus.

1847: Der Sonderbundskrieg zwischen den liberalen reformierten und den konservativen katholischen Kantonen ist die bisher letzte bewaffnete Auseinandersetzung auf schweizerischem Boden. Im Kern geht es um die Frage, ob man einen modernen Bundesstaat gründen oder bei dem althergebrachten Bündnis unabhängiger Kantone bleiben will. Der katholische Sonderbund unterliegt.

1848: Mit der Annahme einer Verfassung in einer Volksabstimmung wird die Schweizerische Eidgenossenschaft in ihrer heutigen Form als Bundesstaat gegründet. Das neu gewählte Parlament entscheidet sich mit großer Mehrheit für Bern und gegen Zürich und Luzern als Bundesstadt. Die Bezeichnung „Hauptstadt" wird bis heute bewusst vermieden, um die Eigenständigkeit der Kantone im Bundesstaat zu betonen.

1914–1918: Nach Ausbruch des Ersten Weltkriegs wird die Schweizer Armee zur Verteidigung der Grenzen mobilisiert. Im Landesinneren werden Festungen und Verteidigungslinien für den Ernstfall gebaut, die teilweise heute noch zu sehen sind (z. B. auf dem Mont Vully am Murtensee, s. S. 46). Benutzt werden sie nie, die Schweiz wahrt ihre territoriale Integrität, obwohl sowohl Frankreich als auch Deutschland Einmarschpläne in der Schublade haben. In den Kriegsjahren werden Kriegsgefangene und Verwundete aller Kriegsparteien in der Schweiz gepflegt.

1920: Der Völkerbund mit Sitz in Genf wird gegründet, im selben Jahr stimmen die Schweizer Bürger für einen Beitritt ihres Landes.

1939–1945: Am 2. September, einen Tag nach dem deutschen Überfall auf Polen,

022be-gk

Schon seit dem 13. Jh. ist der Bär das Wappentier von Stadt und Kanton

027be-gk

Im 16. Jahrhundert wurden die meisten der farbenprächtigen Brunnen der Stadt gebaut

wird die Schweizer Armee zur Grenzverteidigung mobilisiert. Seit der deutschen Besetzung Frankreichs 1940 ist die Schweiz komplett von den Achsenmächten Deutschland und Italien umgeben. In den folgenden Jahren wird das sagenumwobene „Réduit" gebaut: ein riesiges, teils unterirdisches System von Verteidigungsanlagen in den Alpen, wohin sich die Schweizer Landesverteidigung (mit der überlebenden Bevölkerung) im Kriegsfall zurückziehen würde. Die Bunker und Geschützstellungen sind in den Alpen noch heute auf Schritt und Tritt sichtbar, die Geheimhaltung wird erst 1995 aufgehoben. Obwohl die Schweiz ihre Unabhängigkeit im Krieg wahren kann, bekleckert sie sich nicht gerade mit Ruhm. Nach der Aufnahme zahlreicher Flüchtlinge schließt das Land 1942 seine Grenzen und schickt viele rettungssuchende Menschen in den sicheren Tod zurück. Zudem verkauft das Deutsche Reich einen Großteil des von Holocaust-Opfern geraubten Goldes an Schweizer Banken. Diese Vorfälle werden erst in den 1990er-Jahren aufgearbeitet, die Opfer werden entschädigt.

1968: Die Bernerinnen erhalten das Wahlrecht auf kommunaler Ebene. 1971 folgt das Wahlrecht auf kantonaler und Bundesebene.

1979: Nach langjähriger politischer Lobbyarbeit und erbitterten Diskussionen spaltet sich der nördliche, französischsprachige Teil des Kantons Bern ab und wird als Kanton Jura selbstständig. Der südliche Teil des Jura bei Biel 27 verbleibt bei Bern und sorgt durch separatistische Politiker weiter für Gesprächsstoff.

1983: Die Berner Altstadt wird zum UNESCO-Weltkulturerbe erklärt.

2002: Die Bilateralen Verträge sorgen für eine Annäherung und eine verstärkte Verflechtung der Schweiz mit der Europäischen Union, ohne dass das Land EU-Mitglied wird. Ein umstrittener Bestandteil ist die Personenfreizügigkeit. In den Folgejahren steigt die Einwanderung aus den EU-Ländern, insbesondere aus Deutschland, stark an. Rechtspopulistische Kräfte versuchen seither regelmäßig, die Personenfreizügigkeit durch Volksabstimmungen abzuschaffen oder zumindest einzuschränken, teilweise mit Erfolg. Inzwischen bestehen für Angehörige mancher EU-Staaten wieder Beschränkungen. Die Schweiz wird infolge einer Volksabstimmung Mitglied der UNO. 1986 war eine erste Abstimmung um eine Mitgliedschaft gescheitert, da viele einen Verlust der Unabhängigkeit des Landes befürchteten.

025be-gk

2004: Papst Johannes Paul II. besucht das urprotestantische Bern. Sogar die Berner Katholiken stehen dem Besuch kritisch gegenüber.

2005: Sozialdemokrat Alexander Tschäppät wird zum ersten Mal zum Berner Stadtpräsidenten (Bürgermeister) gewählt. In seiner Amtszeit werden mehrere prestigeträchtige Bauprojekte eingeweiht, so etwa das Zentrum Paul Klee 19, der neu gestaltete Bundesplatz [E5], die gläserne Überdachung des Bahnhofplatzes, das Stade de Suisse (s. S. 41) und das Einkaufszentrum Westside. Tschäppät wird 2008 und 2012 wiedergewählt. 2016 tritt er zurück und stirbt zwei Jahre später im Alter von 66 Jahren.

2008: Bern ist einer der Austragungsorte der Fußball-Europameisterschaft. 120.000 holländische Fans feiern eine Riesenparty in Orange (s. S. 32). Die Schweiz tritt dem Schengener Abkommen bei.

2009: Als Ersatz für den alten, nicht tiergerechten Bärengraben wird der Bären-Park 4 am Aarehang unterhalb des historischen Bärengrabens eröffnet.

2017: Alec von Graffenried wird neuer Stadtpräsident. Damit steht rund 100 Jahre nach Adolf von Steiger wieder ein Angehöriger des alten Berner Patriziats an der Spitze der Stadt – interessanterweise in den Farben der Grünen.

2022: Mit einem beachtlichen Ergebnis von 93,5 % wird von Graffenried wiedergewählt. Zu seinen Plänen gehören der Bau von günstigen Wohnungen und die flächendeckende Einführung von Tempo 30 bzw. 20 in der Stadt.

Seit vielen Jahrhunderten praktisch unverändert: die Berner Altstadt

Leben in der Stadt

„Nume nid gschprängt“ – „Nur nichts überstürzen“, so lautet das Existenzmotto Berns und seiner Bewohner. Die Berner gelten sogar innerhalb der an sich schon nicht gerade hektischen Schweiz als besonders **behäbig und zurückhaltend.** Tatsächlich sieht man in der Stadt niemanden dem Bus hinterherlaufen oder heftig gestikulierend und laut rufend etwas zu verkaufen versuchen. Alles und jeder scheint irgendwie unaufgeregt, gesetzt und gelassen zu sein.

Diese Eigenarten haben natürlich auch mit der **Sicherheit** zu tun, die die Schweiz und Bern ausstrahlen. Das Land gehört zu den wirtschaftlich stärksten der Welt, die Arbeitslosenzahlen bewegen sich um die zwei Prozent, die Gehälter sind etwa doppelt so hoch wie in den Nachbarländern, die Steuern hingegen deutlich niedriger. Hinzu kommen **politische Stabilität** und die Tatsache, dass die neutrale, wohlhabende Schweiz international praktisch nur Freunde hat. Man wird geschätzt, von manchen gar bewundert, und dessen ist man sich auch bewusst, ohne dies nach außen zu tragen. **Understatement** ist eine der Berner Kernkompetenzen, Großspurigkeit hingegen überlässt man den Zürchern, Deutschen, Franzosen und wen man in Bern noch so alles der Angeberei verdächtigt. Besonderen Ereignissen oder etwa Prominenten auf der Straße (die man in Bern durchaus häufiger antrifft) wird ebenfalls mit einer großen Portion Gelassenheit begegnet; Schwärmerei und Ekstase sind der Berner Lebensart eher fremd.

Stattdessen werden die Berner lieber selbst aktiv. Sehr viele Menschen in der Stadt machen irgendet-

was **Künstlerisches oder Handwerkliches**, ohne dass das ihr Hauptberuf sein muss – die hohen Gehälter machen es möglich, dass man seinen Lebensunterhalt auch in Teilzeit bestreiten und die übrigen Stunden des Tages kreativ nutzen kann. Die Ergebnisse kann man in Ausstellungen, in den vielen kleinen Läden der Unteren Altstadt oder auf den Märkten (s. S. 80) bestaunen und erwerben.

Kunst und Kultur weiß man in Bern seit jeher zu schätzen. Schon die alten Patrizierfamilien förderten Kulturschaffende nach Kräften (und tun es über ihre Organisation, die Burgergemeinde, noch heute). Dementsprechend verwöhnt sind die Berner, was qualitativ hochwertige Kunst angeht – und stolz obendrein: auf ihre Ausstellungen von Weltrang im Zentrum Paul Klee 19, in der Kunsthalle (s. S. 60) und im Kunstmuseum (s. S. 60), auf das immer besser werdende Stadttheater (s. S. 78) und auf die freie Kulturszene, die trotz aller Haushaltskürzungen nicht als Stiefkind behandelt, sondern gehegt und gepflegt wird. Die Grenzen zwischen alternativ und Mainstream, zwischen Boheme und Bürgerlichkeit sind in Bern – nicht nur in kultureller Hinsicht – fließend. Als Besucher Berns tut man dementsprechend gut daran, einen Gang herunterzuschalten und sich vom **relaxten Tempo der Stadt** anstecken und treiben zu lassen. Wohin sollte man auch rennen? Bern ist schon seit über 800 Jahren da, die von überall in der Stadt sichtbaren Gipfel der Alpen existieren bereits seit Millionen von Jahren und es sieht stark danach aus, als würde dies noch eine ganze Weile so bleiben ...

Gelassenheit wird auch im Rosengarten (s. S. 87) großgeschrieben

Die Schweizer im „Dichtestress"

In den vergangenen Jahren machte die Schweiz immer wieder mit schockierenden Kampagnen und politischen Entscheidungen gegen Ausländer Schlagzeilen. Obwohl das Land in Europa nach Luxemburg den höchsten Anteil an Migranten aufweist, liegt die Wurzel der so zum Ausdruck kommenden Problematik ganz woanders.

Es mutet immer wieder erschreckend an, wenn ein Teil der sonst so besonnenen Schweizer periodisch zu wutschäumenden Ausländerfeinden mutiert und den martialischen **Volksinitiativen** der rechtspopulistischen Schweizerischen Volkspartei SVP (oder ihrer zivilgesellschaftlichen Anhängsel) **zum Thema Einwanderung** zustimmt. So wurden von den Schweizer Stimmbürgern zum Entsetzen der Partner in Europa und der Welt im Jahr 2009 ein Bauverbot für Minarette beschlossen und 2014 die schon einmal abgeschafften fixen Zuwanderungskontingente wieder eingeführt.

Besonders bizarr wirkt die Debatte, seit die Rechtsausleger Biologie und Ökologie für sich entdeckt haben. So wird seit einigen Jahren gerne der aus der Tierverhaltensforschung entliehene Begriff „Dichtestress" verwendet, wenn es darum geht, die vermeintlichen Folgen des zunehmenden, auf die Zuwanderung zurückzuführenden Bevölkerungswachstums zu beschreiben. Schlagzeilen machte die (in einer Volksabstimmung im November 2014 letztlich verworfene) **„Ecopop-Initiative"**, in der die Begrenzung der Zuwanderung auf Basis des Flächenverbrauchs und der damit einhergehenden Umweltzerstörung gefordert wurde.

Die außergewöhnlich scharfen Töne und der starke Zulauf der Schweizer **Rechtspopulisten** – die SVP stellt die größte Fraktion im Nationalrat – sind die eine Seite der Medaille; andererseits gibt es jedoch auch in der gemäßigten Mitte der Gesellschaft ein Unbehagen mit dem aktuellen Zustand der Schweiz. Anders gesagt: Die Schweiz ist voll.

Besucher sehen zwar vor allem die weitläufigen Naturräume der Alpen und die großen Seen, aber man darf nicht vergessen, dass diese Gegenden größtenteils nicht bewohnbar sind. Die Schweizer leben überwiegend im sogenannten **Mittelland**, einem Bogen zwischen Bodensee und Genfersee. Diese Region ist in den vergangenen Jahrzehnten praktisch zu einem einzigen großen, dicht besiedelten Ballungsraum zusammengewachsen. Das wäre an sich noch kein Problem, wenn diese Entwicklung nicht in einem rasenden Tempo vonstatten gegangen wäre, das den Bewohnern keine Atempause gelassen hat. In kurzer Zeit ist aus gewachsenen dörflichen Strukturen ein **wabernder Siedlungsbrei** geworden. Auch in Bern lässt sich dies gut beobachten: Gegenüber vom Zentrum Paul Klee ⑲ entsteht auf ehemals weitläufigen Ackerflächen ein riesiges Neubaugebiet; die Stadt plant auf dem sogenannten Viererfeld hinter dem Länggass-Quartier ⑰ bereits das nächste.

Die Folgen dieser Entwicklung sind nicht selten unangenehm: Gesichtslose Neubaugebiete, große Pendlerströme auf Straßen und in Zügen, unbezahlbare Mietpreise, der Verlust althergebrachter sozialer Bindungen und heimatlicher Landschaften tra-

gen allesamt zu einer zunehmenden **Entfremdung vom eigenen Land** bei.

Es ist natürlich wohlfeil, diese Folgen den „Ausländern" anzulasten, womit die Demagogen so ziemlich jeden meinen, vom eingebürgerten Deutschen mit Schweizer Pass bis zum syrischen Asylbewerber. Dabei sind die Gründe in Wirklichkeit komplex. Sie reichen von einem steigenden Bedarf an individuellem Wohnraum bis hin zu traditionellen Schweizer Animositäten, die mit der **zunehmenden Mobilität** einhergehen: Es ist nichts Außergewöhnliches, wenn ein Berner nach Zürich zur Arbeit pendelt (oder umgekehrt), weil er sich unter keinen Umständen vorstellen kann, in der jeweils anderen Stadt zu wohnen. Dank schneller Bahnverbindungen ist das heute tatsächlich möglich – in früheren Zeiten hätte er umziehen oder aber auf den lukrativen Job bei einer Zürcher Bank oder in der Berner Bundesverwaltung verzichten müssen.

Eine einfache Lösung für diese Problematik gibt es nicht. Aber Schweizer wie Besucher werden sich damit abfinden müssen, dass die ländliche, idyllische Schweiz zumindest im Mittelland unwiederbringlich verschwunden ist.

Pendlerströme am Berner Bahnhof – eine Folge des „Dichtestresses"

PRAKTISCHE REISETIPPS

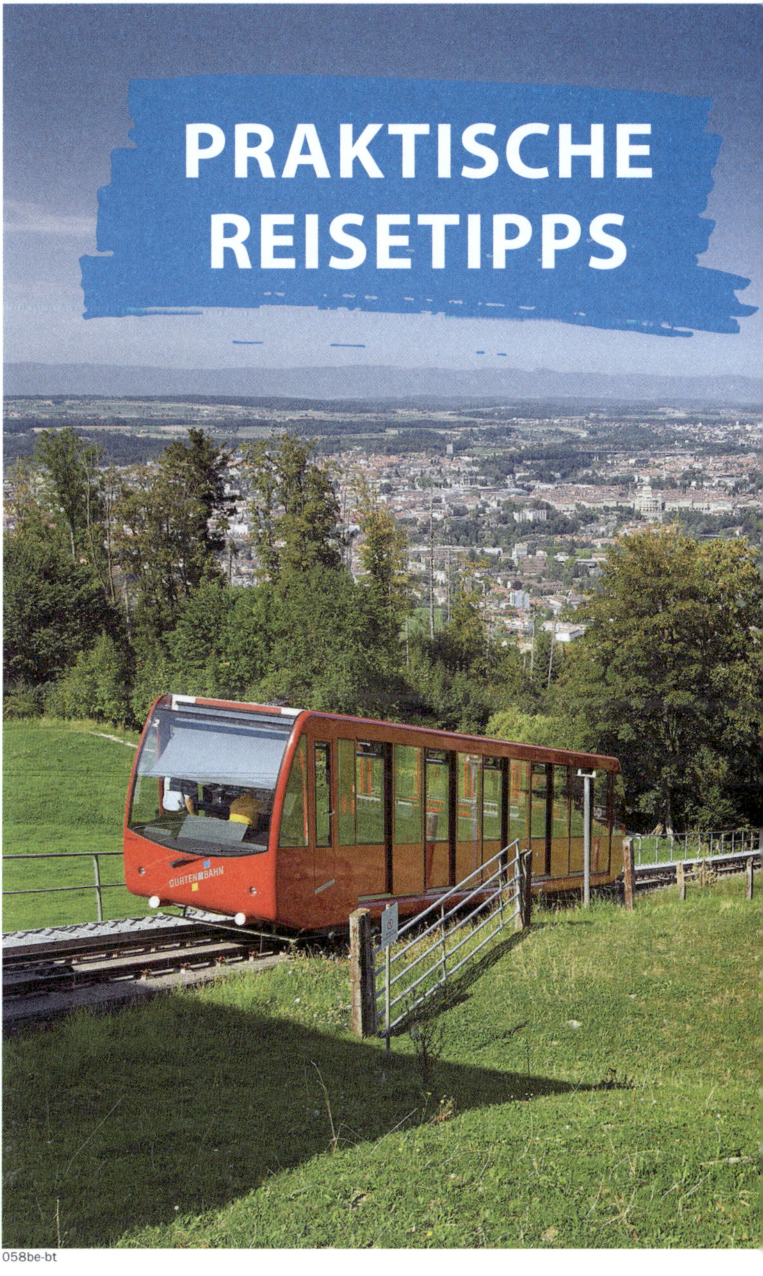

058be-bt

An- und Rückreise

Mit dem Flugzeug

Bern wird am besten über einen der drei **Schweizer Großflughäfen in Zürich, Genf oder Basel** erreicht. Sie werden von allen großen Linien- und Billigfluggesellschaften angeflogen. Vom Zürcher und vom Genfer Flughafen aus ist Bern direkt mit der Bahn erreichbar (Fahrzeit von Zürich 1 Stunde 15 Minuten, von Genf 2 Stunden). In Basel muss man zunächst den Bus zum Bahnhof SBB nehmen, von dort braucht der Zug eine knappe Stunde nach Bern. Bahntickets gibt es unter www.sbb.ch oder in den Automaten an den Bahnhöfen.

Der **„Flughafen" Bern-Belp** nennt sich selbst zwar so, ist in Wirklichkeit aber in die niedrigere Kategorie „Regionalflugplatz" eingruppiert und sieht auch ziemlich genau so aus. Er liegt rund 10 Kilometer südöstlich des Stadtzentrums und wird derzeit (Stand Mai 2023) lediglich von der Business-Fluggesellschaft Lübeck Air aus Lübeck angeflogen. Umgangssprachlich wird der Flugplatz auch Belpmoos genannt – unter diesem Titel widmete ihm die Berner Rockband Patent Ochsner (s. S. 77) sogar einen Song.

Mit der Bahn

Die Schweiz ist ein klassisches Bahnland und auch aus dem benachbarten Ausland sehr gut angebunden. Aus Deutschland reist man entweder **über Karlsruhe und Basel**, über die Strecke **München-Lindau-Zürich** oder über **Stuttgart** und **Singen** an. In der Regel steigt man in **Basel** oder **Zürich** um, wobei einzelne Züge auch direkt über Basel bis nach Bern fahren. Aus Österreich führt die Strecke über **Innsbruck** und den Arlbergtunnel bis nach **Zürich**, wo man umsteigen muss.

Bei der Deutschen Bahn und den Österreichischen Bundesbahnen kann man bei rechtzeitiger Buchung sehr günstige Sparangebote erhalten („Sparpreis Europa" bei der DB, „SparSchiene" bei den ÖBB). Von einer Buchung über die Internetseite der Schweizerischen Bundesbahnen ist abzuraten, da die gleichen Angebote hier oftmals teurer sind und der Buchungsvorgang außerordentlich kompliziert gestaltet ist.

Wer mehrere Schweizer Städte mit der Bahn entdecken möchte, sollte das Angebot **„Swiss Pass"** prüfen, mit dem man die öffentlichen Verkehrsmittel des Landes an einer bestimmten Anzahl von Tagen unbeschränkt nutzen kann (Infos unter www.swisstravelsystem.com).

Mit dem Auto

Zur Einreise wird neben den **Fahrzeugpapieren** der **Nachweis einer Haftpflichtversicherung** benötigt. Bei den EU-Nummernschildern mit dem blauen Streifen am Rand gilt das Nummernschild selbst als Nachweis. Eine „Grüne Karte" wird nicht benötigt.

◁ Vorseite: Mit der Gurtenbahn (s. S. 127) geht es in ein paar Minuten auf den Berner Hausberg

▷ Rund um den Berner Hauptbahnhof herrscht auch abends noch Betrieb

068be-gk

Die Schweizer **Autobahnen** sind **gebührenpflichtig.** Es gibt ausschließlich die **Jahresvignette** zum Preis von 40 SFr. Sie gilt jeweils für ein Kalenderjahr, allerdings schon ab dem 1. Dezember des Vorjahres und bis zum 31. Januar des Folgejahres. Die Vignette kann schon vor der Einreise an grenznahen Tankstellen, bei Autoclubs oder direkt an der Grenze gekauft werden.

Autofahren

In der Schweiz gelten einige **besondere Verkehrsregeln:** Innerorts sind Höchstgeschwindigkeiten von 50 km/h erlaubt, außerorts darf man maximal 80 km/h fahren, auf Schnellstraßen 100 km/h und auf Autobahnen 120 km/h (100 km/h für Busse/Wohnmobile über 3,5 t). Das **Abblendlicht** muss immer eingeschaltet sein. Die **Promillegrenze** liegt bei 0,5. Ansonsten gelten die in Kontinentaleuropa üblichen Verkehrsregeln. Die **Bußgelder** schon bei „kleinen" Verkehrsdelikten sind extrem hoch.

Generell gilt in Bern: Wo **Parken** nicht ausdrücklich erlaubt ist, ist es verboten. Man kann also sein Auto nicht einfach irgendwo abstellen, auch in den Außenbezirken nicht. Bei den Parkplatzmarkierungen gibt es **drei Farben:** Gelb markierte Parkplätze sind privat oder für besondere Nutzer (z. B. Behinderte oder Behörden) reserviert. Bei den weiß markierten (zumeist an Hauptverkehrsstraßen zu finden) muss in der Regel zumindest an Werktagen einschließlich Samstag ein Parkautomat („Zentrale Parkuhr") mit Münzen gefüttert werden; der Tarif beträgt in Zentrumsnähe 2,20 SFr pro Stunde. Die blauen Streifen am Fahrbahnrand zeigen Kurzparkzonen an. Hier darf eine Stunde lang mit Parkscheibe kostenlos geparkt werden. Die Ausnahme bilden von Montag bis Samstag die Zeiten zwischen 11.30 und 13.30 und zwischen 18 und 8 Uhr – in diesen Zeiträumen sowie sonn- und feiertags darf man unbeschränkt parken. Außerdem kann man an den Ticketautomaten der Verkehrsbetriebe (in allen Tram- und den meisten Bushaltestellen) eine 4-Stunden-Karte für 9 SFr oder eine 24-Stunden-Karte für 16 SFr kaufen. Da die „Blauen Zonen" zugleich von den Anwohnern mit einer Jahreskarte genutzt werden können, sind sie in der Regel überfüllt. Die Bußgelder fürs **„Schwarzparken"** beginnen bei 40 SFr für einen abgelaufenen Parkschein und können je nach Vergehen leicht auf ein Vielfaches dieser Summe steigen.

Eine Auswahl **zentral gelegener Tiefgaragen und Parkhäuser:**

P154 [D4] **Bahnhof Parking,** Parkterrasse 14
P155 [F3] **Casino,** Kochergasse 1
P156 [E4] **Metro,** Waisenhausplatz 19
P157 [C5] **Mobiliar,** Bundesgasse 35
P158 [F4] **Rathaus,** Postgasshalde 50

060be-gk

An der Autobahnausfahrt Neufeld (Endstation der Buslinie 11) und beim Expo-Gelände (an der Tramlinie 9) befinden sich große und im Vergleich zu den innerstädtischen Parkhäusern günstige **P+R Parkplätze.**

P159 [eg] **P+R Expo,** Bolligenstr. 61
P160 [bf] **P+R Neufeld,** Neubrückstr. 166

Fast alle Schweizer **Tankstellen** verfügen über **Automaten,** an denen man bei Bezahlung mit Banknoten (oft auch Euro-Noten) und Kreditkarten rund um die Uhr tanken kann. Manche Tankstellen sind sogar ausschließlich automatenbetrieben. Die Automaten befinden sich zumeist in der Mitte der Anlagen zwischen den Zapfsäulen. Man muss zunächst den Geldschein oder die Karte einführen und danach angeben, an welcher Säule man tanken möchte. Um eine Quittung zu erhalten, muss man nach dem Tankvorgang die entsprechende Taste am Automaten drücken oder die Kreditkarte noch einmal einführen.

An den meisten Tankstellen erhält man **Superbenzin** (mit der Oktanzahl „95" bezeichnet) und Diesel. Ausgefallenere Treibstoffsorten gibt es nur an den größeren Anlagen. 95-er-(Super-)Benzin kostete bei Drucklegung im Durchschnitt 1,84 SFr, Diesel 1,95 SFr pro Liter.

Vor der Fahrt in die Schweiz sollte ein **Auslandsschutzbrief** beim Kfz-Versicherer oder bei einem Automobilclub abgeschlossen werden. Wer so etwas nicht hat, kann sich im Falle des Falles an den Pannenservice des Touring Clubs Schweiz (TCS) unter der Rufnummer 0800-140140 wenden.

Bei Unfällen sollte stets das einheitliche, gelb-blaue **Europäische Unfallprotokoll** ausgefüllt sowie der Versicherer und die Police-Nummer des Unfallpartners erfragt werden.

Die internationalen **Mietwagenfirmen** haben neben ihren Flughafenfilialen Büros in der Innenstadt:

- •161 [C7] **Avis/Budget,** Wabernstr. 41, Tram, Bus: Sulgenau, Tel. 031 3781515, www.avis.ch und www.budget.ch, Mo.–Do. 8–12.30 und 13.30–17.30, Fr. 8–12.30 und 13.30–18.30, Sa. 8–12 Uhr
- •162 [C5] **Europcar (1),** Laupenstr. 22, Tram, Bus: Kocherpark, Tel. 031 3817555, www.europcar.ch, Mo.–Fr. 7.30–12.30 und 13.30–18, Sa. 8–12 Uhr
- •163 [ef] **Europcar (2),** Wankdorffeldstr. 60, Tram, Bus, S-Bahn: Wankdorf Bahnhof, Tel. 031 3375757, www.europcar.ch, Mo.–Fr. 7.30–12 und 13.30–18, Sa. 8–12 Uhr
- •164 [F5] **Hertz,** Casinoplatz (bei der Casino-Tiefgarage), Tram, Bus: Zytglogge, Tel. 031 3182160, www.hertz.ch, Mo., Fr. 7.30–17.30, Di.–Do. 7.30–17, Sa. 8–12 Uhr
- •165 [bj] **Sixt,** Seftigenstr. 83, Tram, Bus: Wander, Tel. 031 3717100, www.sixt.ch, Mo.–Fr. 7.30–17, Sa. 7.30–12 Uhr

Barrierefreies Reisen

In der Schweiz wird grundsätzlich großes Augenmerk auf die Belange von Behinderten gelegt. Viele Gebäude werden mit **barrierefreien Zugängen** ausgestattet. In der Berner Altstadt sorgt die historische Bausubstanz verbunden mit Denkmalschutz- und sonstigen Auflagen jedoch dafür, dass die behindertengerechte Umgestaltung vielfach nicht umgesetzt werden kann. Gut aufpassen sollten sowohl geh- als auch sehbehinderte Menschen auf dem **Kopfsteinpflaster** in den Altstadtgassen. Für Rollstuhlfahrer sind viele Gassen und Lauben wegen hoher Bordsteine, kleiner Zwischentreppen und ähnlicher **Hindernisse** gar nicht zugänglich.

Für die Belange von Behinderten setzt sich in der Schweiz die Organisation Pro Infirmis ein, die in Bern auch eine Geschäftsstelle betreibt:

- •166 [F4] **Pro Infirmis,** Brunngasse 30, Tram, Bus: Zytglogge, Tel. 058 7751357, www.proinfirmis.ch, geöffnet nach telefonischer Voranmeldung

Der **Verein Mobility International Schweiz** (MIS) bietet auf seiner Internetseite sehr detaillierte, nach Art der Behinderung/Erkrankung sortierte Verzeichnisse von barrierefreien Unterkünften, Restaurants und Ausflugszielen (www.mis-ch.ch).

Diplomatische Vertretungen

- •167 [dj] **Deutsche Botschaft,** Willadingweg 83, Bus: Willadingweg, Tel. 031 3594111, www.bern.diplo.de, geöffnet nur nach Online-Terminvereinbarung, Tel. für absolute Notfälle außerhalb der Öffnungszeiten: +41 79 3579373 (7–22 Uhr)
- •168 [G7] **Österreichische Botschaft,** Kirchenfeldstr. 77–79, Tram, Bus: Thunplatz, Tel. 031 3565252, www.bmeia.gv.at/oeb-bern, Mo.–Fr. 9–12 und 13–15.30 Uhr

Eine echte Herausforderung: Parken in Bern

Ein- und Ausreisebestimmungen

Für die Einreise in die Schweiz genügt für deutsche und österreichische Staatsangehörige ein gültiger **Personalausweis**, da die Schweiz zwar kein Mitglied der EU, wohl aber des Schengen-Raumes ist und daher keine Ausweis-, sondern nur Zollkontrollen stattfinden. In der Praxis kann man diese beiden Arten nicht voneinander unterscheiden, und vor allem PKW-Fahrer werden bei der Einreise in die Schweiz gründlich kontrolliert, inklusive Blick in den Kofferraum.

Insgesamt darf man pro Person **Waren** im Wert von 300 SFr abgabenfrei einführen. Falls der Wert der eingeführten Waren diesen Betrag übersteigt, wird an der Grenze die Schweizer Mehrwertsteuer fällig. Zusätzlich gelten für alkoholische Getränke und Zigaretten folgende Obergrenzen: 5 Liter Getränke mit einem Alkoholgehalt von bis zu 18 Volumenprozent, 1 Liter Getränke mit einem höheren Alkoholgehalt als 18 Volumenprozent sowie 250 Stück Zigaretten oder Zigarren bzw. 250 Gramm Tabak. Wer mehr einführt, muss Zollgebühren bezahlen.

Bei der Rückreise darf man nach Deutschland und Österreich 16 Liter Bier und 4 Liter Wein und 2 Liter andere Getränke mit einem Alkoholgehalt von bis zu 22 Volumenprozent bzw. 1 Liter Getränke mit einem höheren Alkoholgehalt als 22 Volumenprozent zollfrei einführen. Für Tabakwaren gilt: Zollfrei ist die Einfuhr von 200 Zigaretten, 100 Zigarillos, 50 Zigarren oder 250 Gramm Tabak. Für sonstige Waren gilt eine Obergrenze von 300 Euro, bei Flugreisen 430 Euro, für Jugendliche bis 15 Jahre 175 Euro (nach Österreich nur 150 Euro).

Elektrizität

Schweizer Steckdosen sind **sechseckig** mit drei Kontaktöffnungen. Die in Deutschland und Österreich gebräuchlichen schmalen Eurostecker (zum Beispiel für Ladegeräte von Mobiltelefonen) können verwendet werden, nicht jedoch die runden Schuko-Stecker (zum Beispiel für Laptop oder Fön). **Adapter** sind an der Rezeption der Unterkunft oder in Elektrogeschäften erhältlich (zum Beispiel Interdiscount, Waisenhausplatz 6, oder Melectronics, Marktgasse 46 im Obergeschoss).

Die Netzspannung beträgt in der Schweiz 230 V.

Geldfragen

Die offizielle Währung der Schweiz ist der **Franken** (abgekürzt SFr, Fr oder CHF). Ein Franken wird in 100 Rappen aufgeteilt. Es gibt Münzen zu 5, 10 und 20 Rappen sowie zu 1/2, 1, 2 und 5 Franken. Falls ein Preis nicht auf 0 oder 5 Rappen endet, wird auf- oder abgerundet. Die Nennwerte der Scheine sind 10, 20, 50, 100, 200 und 1000 Franken. Der 1000-Franken-Schein ist übrigens der Geldschein mit dem höchsten Wert weltweit.

Das Schweizer Papiergeld wird als eines der wenigen in der Welt von einer privaten Druckerei hergestellt: der Orell Füssli AG in Zürich, die neben der Druckerei auch Buchhandlungen betreibt.

Euros werden in vielen Geschäften und Restaurants angenommen. Die hier berechneten Kurse sind allerdings in der Regel schlechter als in Bankfilialen. Auf jeden Fall sollte man vorher fragen.

Am besten ist es, sich mit ausreichend Franken zu versorgen. Bargeld tauscht man in einer der zahlreichen Bankfilialen im Stadtzentrum. Besonders praktisch ist der Geldwechselautomat der Migrosbank, an dem rund um die Uhr und zu einem sehr guten Kurs getauscht werden kann.

•169 [E4] **Migrosbank,** Aarbergergasse 20–22

Darüber hinaus besteht die Möglichkeit, Franken an einem der zahlreichen **Geldautomaten** abzuheben. Allerdings können hier Gebühren anfallen, deren Höhe man am besten vor der Abfahrt bei seiner Hausbank erfragt. Die Bezahlung mit **Debit- (Girocard) und Kreditkarten** ist weit verbreitet. Karten, die mit der Bezahlfunktion **VPAY** ausgestattet sind, werden ebenfalls meist problemlos akzeptiert.

Bern ist – wie auch der gesamte Rest der Schweiz – ein **extrem teures Reiseziel.** Besonders Übernachtungen, Restaurantbesuche und Museumseintritte können ins Geld gehen. Der Einkauf in gewöhnlichen Geschäften hingegen dürfte die meisten Gäste aus Deutschland und Österreich weniger ins Schwitzen bringen. Insgesamt sollte man in Bern mit dem eineinhalb- bis zweifachen Preisniveau einer deutschen oder österreichischen Großstadt rechnen.

Umrechnungskurs
(Stand: Sommer 2023)

1 SFr = 1,02 €
1 € = 0,98 SFr

Bern preiswert

Obwohl Bern ein teures Reiseziel ist, gibt es dennoch einige Möglichkeiten, auch mit kleinem Geldbeutel über die Runden zu kommen.

- Gäste einer offiziell angemeldeten Unterkunft erhalten das kostenlose **Bern Ticket** (s. S. 127), das sie für die Dauer ihres Aufenthaltes zu einer unbegrenzten Anzahl von Fahrten mit den öffentlichen Verkehrsmitteln berechtigt.
- Das **Marzilibad** (s. S. 118) ist nicht nur eines der schönsten Freibäder Europas, es ist obendrein auch noch kostenlos zugänglich. Auch im **Freibad Lorraine** (s. S. 118) muss man keinen Eintritt zahlen.
- Im **Migros-Selbstbedienungsrestaurant** (s. S. 71) in der Marktgasse 46 erhält man mitten in der Altstadt gutes Essen zu erschwinglichen Preisen.

Umrechnungskurs am Geldautomaten

Beim Abheben von Bargeld in Landeswährung wird manchmal angeboten, dass die Abrechnung mit dem eigenen Konto in Euro erfolgen kann. Das Verfahren ist als **Dynamic Currency Conversion (DCC)** bekannt. Wählt man diese Option, die ja sicherer erscheint, wird aber ein ungünstiger Wechselkurs zugrunde gelegt, der erhebliche Kosten verursachen kann. Deshalb sollte man Abhebungen immer in der Landeswährung vom eigenen Konto abbuchen lassen. Dann legt die eigene Bank den offiziellen Devisenkurs zugrunde.

Informationsquellen

Infostellen in der Stadt

An der Touristen-Informationsstelle erhält man neben dem üblichen Informationsmaterial auch kostenlose Stadtpläne und Tickets für zahlreiche Vorstellungen.

ⓘ170 [D4] **Tourist Information Bahnhof,** Bahnhof Stadtebene (Erdgeschoss), Tram, Bus: Bahnhof, Tel. +41 (0)31 3281212, www.bern.com, Mo.-Sa. 9-19, So. 9-18 Uhr

Die Stadt im Internet

› **www.bern.com:** sehr detaillierte, informative Seite von Bern Welcome, der offiziellen Tourismusorganisation der Stadt.

› **https://agenda.bernerzeitung.ch:** umfassender Veranstaltungskalender für Stadt und Umland

› **www.bka.ch:** Hinter dieser Internetadresse verbirgt sich nicht die Schweizer Vertretung des Bundeskriminalamtes, sondern die Berner Kulturagenda mit allen Infos rund um Theater, Tanz, Musik und bildende Kunst.

› **www.konzerte-bern.ch:** alle Konzerte, auch die in kleineren Kirchen, auf einen Blick

› **www.leporello.ch:** Veranstaltungskalender für Kinder und Familien

› **www.ronorp.net/bern:** Hier verraten Einheimische ihre aktuellen Lieblingstrends und ihre besten Tipps für die Abendgestaltung.

061be-gk

Publikationen und Medien

Kostenlose Stadtpläne erhält man in allen Hotels sowie in den Büros von Bern Welcome (s. l.).

Über Veranstaltungen informiert man sich am besten aus den **Tageszeitungen** oder aus den kostenlosen Magazinen **„Bewegungsmelder"** (nur online) und **„ensuite"**, die in Cafés und Geschäften ausliegen.

Die Berner Medienlandschaft hat in den vergangenen Jahren eine drastische Monopolisierung erleiden müssen. So gehören mit den beiden Tageszeitungen **„Berner Zeitung"** und **„Der Bund"** sowie der Gratiszeitung **„20 Minuten"** sämtliche relevanten Printmedien der Stadt dem Tamedia-Konzern aus Zürich. Obwohl Bern die Hauptstadt ist, erscheinen alle überregionalen Zeitungen in Zürich.

Im Radio ist neben den landesweiten öffentlich-rechtlichen Sendern das freie **Radio RaBe** (95,6 MHz) hörenswert, darüber hinaus gibt es einige Privatsender mit dem üblichen Dudelfunk. Der Fernsehsender **TeleBärn** berichtet über regionale Ereignisse. Die großen überregionalen Tageszeitungen aus Deutschland erhält man an den meisten Zeitungskiosken, Blätter aus Österreich nur am Bahnhof.

Mein Tipp

Auf dem Laufenden bleiben

In der Kornhausbibliothek liegen frei zugänglich aktuelle Tageszeitungen aus dem Inland und aus Deutschland zum Lesen aus.

●174 [E4] **Kornhausbibliothek,** Kornhausplatz 18, Tram, Bus: Zytglogge, Tel. 031 3271010, www.kornhausbibliotheken.ch, Di.–Fr. 10–19, Sa. 10–17 Uhr

Smartphone-Apps

› **Wege zu Klee:** Toller Audioguide zu verschiedenen Berner Schauplätzen, die im Leben Paul Klees eine Rolle gespielt haben. Endpunkt des Spaziergangs ist natürlich das Zentrum Paul Klee ⑲ (kostenlos für Android und iOS).

› **ÖV Bern:** Fahrpläne für sämtliche öffentliche Verkehrsmittel, auch über das Stadtgebiet hinaus (kostenlos für Android und iOS)

› **SchweizMobil:** Umfassender Katalog von Tourenvorschlägen für Wanderer, Radler, Mountainbiker, Skater und Kanuten. Dazu ÖPNV-Fahrpläne, Karten und spezielle Hinweise auf barrierefreie Touren (kostenlos für Android und iOS).

› **Wanderplaner:** Wandervorschläge, Karten, aktuelle Wegezustandsdaten und alle weiteren Infos des Vereins Berner Wanderwege (kostenlos für Android und iOS)

Internet

Die meisten **Cafés** und **Hotels** verfügen über eigene WLAN-Hotspots. In Hotels muss man für die Internetnutzung allerdings oft extra bezahlen.

So ändern sich die Zeiten: Vieles ist in Bern lockerer geworden

Auf dem Kornhausplatz, dem Bären- und dem Waisenhausplatz, in der Spitalgasse sowie auf der Längassstrasse gibt es ein **freies WLAN-Netzwerk** mit dem Namen wlan@thenet.

LGBT+

Homosexualität und Homosexuelle werden in der Schweiz von den meisten Menschen ohne Weiteres akzeptiert. Ausführliche Infos über die LGBT-Szene in Bern und Umgebung bieten die Homosexuellen Arbeitsgruppen Bern auf ihrer Internetseite www.ha-bern.ch. Einige besondere Orte sind:

171 [B7] **3gang,** Seftigenstrasse 243, Tram 9: Wabern, Eichholz, www.3gang.ch. Jeden dritten Mittwoch ab 19.30 Uhr laden die Homosexuellen Arbeitsgruppen Bern Schwule, Lesben, Transmenschen, Freunde und Freundinnen zu einem leckeren Abendessen in die wunderschöne Villa Bernau, einem Gründerzeitgebäude, das heute als Stadtteilzentrum genutzt wird. Zum sehr günstigen Preis von 28 SFr pro Person ist man dabei, Reservierung ist obligatorisch. Mit zum 3gang gehören verschiedene Stammtische, sporadische kulturelle Einlagen und Themenabende.

172 [G5] **Blue Cat,** Gerechtigkeitsgasse 75, Bus 12: Rathaus, Di., Mi. 10–20, Do.–Sa. 10–23.30, So. 12–18 Uhr. Gemütliches schwul-lesbisches Café in der Altstadt.

173 [F5] **Comeback Bar,** Rathausgasse 42, Tram, Bus: Zytglogge, www.comebackbar.ch. Beliebte Schwulenbar in einem Kellerlokal in der Altstadt. Ab und zu Disco.

› **Frauenraum** (in der Reitschule, s. S. 76), Bus: Bollwerk, www.frauenraum.ch. Queer-feministischer Raum

Meine Literaturtipps

- **Gotthelf, Jeremias: „Die Schwarze Spinne"** (Suhrkamp Verlag 2007; Erstausgabe 1842). Auch wenn die moralischen Absichten des Autors nicht zu leugnen sind (Gotthelf war Pfarrer), so kann der in der isolierten Welt des bäuerlichen Emmentals spielende Roman doch als ein waschechter Thriller aus dem 19. Jh. gelten. Auch die zahlreichen anderen Werke Gotthelfs sind sehr lesenswert.
- **Glauser, Friedrich: „Matto regiert"** (Unionsverlag 2005; Erstausgabe 1936). Ein ungewöhnlicher Kriminalroman: Schauplatz ist die psychiatrische Klinik Münsingen bei Bern, wo die Hauptfigur, Wachtmeister Studer, während der Ermittlungen beinahe selbst den Verstand verliert. Ein bedrückendes Bild darüber, was mit den Menschen passiert, die keinen Platz in der Schweizer Gesellschaft finden – wie auch Friedrich Glauser. Der Autor war selbst jahrelang Patient in Münsingen.
- **Dürrenmatt, Friedrich: „Der Richter und sein Henker"** und **„Der Verdacht"** (Diogenes Verlag 1998; Erstausgabe 1952 bzw. 1953). Die Klassiker des deutschsprachigen Kriminalromans schlechthin. Friedrich Dürrenmatt erzählt packende Geschichten von Schuld und Gerechtigkeit. Stets im Mittelpunkt: der alte Kommissär Hans Bärlach aus dem Berner Altenbergquartier.
- **Dürrenmatt, Friedrich: „Die Panne"** (Diogenes Verlag 2006; Erstausgabe 1956). Eine weniger bekannte Erzählung von Dürrenmatt über die Zeit des Wirtschaftswunders, die gerade heute wieder aktuell ist. Ein Karrierist wird mit Fragen nach Gewissen und Moral konfrontiert und erklärt sich schließlich selbst für schuldig, obwohl er nie ein Gesetz verletzt hat.
- **Urweider, Raphael: „Alle deine Namen. Gedichte von Sucht und Sehnsucht: Gedichte von der Liebe und der Liederlichkeit"** (Dumont 2008). Feinfühlig und nuanciert geht es in diesem Gedichtband um die Schattierungen von Liebe, Lust und Leben. Raphael Urweider stammt aus Biel 27 und arbeitet als Dichter, Übersetzer und Performance-Künstler.
- **Lenz, Pedro: „Der Keeper bin ich"** (Bilgerverlag 2012). Das Gefühl, immer zu spät gekommen zu sein und die Suche nach einer Utopie sind die Hauptthemen dieses Porträts eines Ex-Junkies. Ein eindrückliches Stimmungsbild aus dem ländlichen Bern der 1980er-Jahre. Der ursprünglich in berndeutscher Sprache erschienene Roman wurde 2014 erfolgreich verfilmt. Im Fahrwasser des Films erschien eine zweite hochdeutsche Übersetzung mit dem Titel „Der Goalie bin ich"; empfehlenswert ist aber die oben angegebene Übertragung, die von Raphael Urweider (s. o.) stammt. Wer Erfahrung mit alemannischen Dialekten hat, kann sich natürlich auch am berndeutschen Original versuchen.
- **Hartmann, Lukas: „All die verschwundenen Dinge"** (Diogenes, 2011). Einfühlsames Kinderbuch des bekannten Berner Autors über das ewige Rätsel, was mit verlorenen Dingen eigentlich passiert, und über die Frage, was wirklich wichtig ist im Leben. Für Kinder ab 6 Jahren.

mit Veranstaltungen von Politik bis Tanz.

› **Tolerdance,** Neubrückstr. 10 (im ISC), Bus 11, 21: Henkerbrünnli, www.tolerdance.ch, jeden 4. Sa. im Monat. Traditionsreicher Discoabend im Club ISC (s. S. 75) für Schwule und Lesben, gegründet in einer Zeit, in der so etwas noch als unerhört galt. Inzwischen hat sich die Veranstaltungsreihe etabliert, auch Heteros sind willkommen. Musikalisch steht zeitgenössische Dance-Musik auf dem Programm, beim ab und zu stattfindenden „Golden Tolerdance" geht es zurück in die 1980er-Jahre.

Medizinische Versorgung

Ausländische Versicherte aus EWR-Staaten (aus Deutschland nur gesetzlich Versicherte) können mit ihrer **Europäischen Krankenversicherungskarte (EHIC)** in akuten Fällen die gleichen Leistungen in Anspruch nehmen wie Schweizer Versicherte. Das bedeutet, dass man sich in einem öffentlichen Krankenhaus oder einer Arztpraxis behandeln lassen kann und die Möglichkeit hat, einen Rettungswagen (Tel. 144) zu rufen. Die Europäische Krankenversicherungskarte erhält man auf Anfrage beim Versicherer, falls sie nicht ohnehin schon Bestandteil der heimischen Versichertenkarte ist.

Zu beachten ist, dass man beim Einsatz der Europäischen Krankenversicherungskarte – wie Schweizer Versicherte auch – einen Selbstbehalt zahlen muss. Dieser beträgt zunächst 300 SFr (dieser grundlegende Selbstbehalt wird Franchise genannt und gilt nur für Erwachsene ab 18 Jahren), und darüber hinaus 10 Prozent jeder Arztrechnung, jedoch höchstens 700 SFr (bei Kindern 350 SFr) pro Jahr.

Um dies zu umgehen, sollte man eine private **Auslandsreisekrankenversicherung** abschließen, die schon für einen geringen Jahresbeitrag zu haben ist. Vor der Fahrt nach Bern kann man sich bei seiner Versicherung erkundigen, welche Leistungen inbegriffen sind. Man zahlt die Behandlung zunächst selbst und bekommt im Nachhinein eine Rückerstattung gegen Beleg. Dasselbe gilt generell für Privatversicherte aus Deutschland.

Bei Notfällen kann man sich an folgende Einrichtungen wenden (im Inselspital ist mit sehr langen Wartezeiten zu rechnen):

- ✚175 [C4] **City Notfall,** Arztpraxis für Notfälle, Schanzenstr. 4A, Tram, Bus: Schanzenstrasse oder Hirschengraben, Tel. 031 3262000, www.citynotfall.ch, tägl. 7–22 Uhr
- ✚176 [A5] **Inselspital,** Universitätsklinik mit praktisch allen Fachgebieten außer Zahnmedizin, Freiburgstr. 16C, Bus 12: Inselspital, Tel. 031 6322402 (Notaufnahme Erwachsene) und 031 6329277 (Notaufnahme Kinder), www.insel.ch
- ✚177 [D4] **Medbase,** Arztpraxis für Notfälle, Parkterrasse 10 (im Bahnhof), Tram, Bus: Bahnhof, Tel. 031 3355000, Mo.–Fr. 8–17, Sa. 9–18 Uhr
- ✚178 [A5] **Zahnmedizinische Kliniken,** Freiburgstr. 7, Bus 12: Inselspital, Tel. 031 6840600, www.zmk.unibe.ch

Die **Apotheken** in der Stadt haben in der Regel die gleichen Öffnungszeiten wie andere Geschäfte: montags bis freitags von 8 bis 19, donnerstags bis 21, samstags bis 17 Uhr. Im Bahnhof befinden sich zwei Apotheken mit besonders langen Öffnungszeiten:

179 [D5] **Amavita Apotheke,** Bahnhof Tiefgeschoss (Christoffelunterführung), Tram, Bus: Bahnhof, Tel. 058 8513255, www.amavita.ch, Mo.–Fr. 7–21, Sa. 8–21, So. 9–20 Uhr

180 [D4] **Bahnhof Apotheke,** Bahnhof Obergeschoss (Galeriegeschoss), Tram, Bus: Bahnhof, Tel. 031 3292525, www.achillea.ch, tägl. 8–21 Uhr

Außerhalb der genannten Öffnungszeiten kann man unter Tel. 0900 989900 die jeweils diensthabende **Nachtapotheke** erfragen. Beim Kauf von Medikamenten zwischen 22 und 6.30 Uhr wird ein Notfallzuschlag von 17,30 SFr erhoben.

Mit Kindern unterwegs

Die Berner sind im Allgemeinen sehr kinderfreundlich. In fast allen Restaurants werden Kinderstühle und besondere Gerichte für die Kleinen angeboten. Einige der engen Lauben und Gassen sowie das Kopfsteinpflaster in der Altstadt können für Kinderwagen ein Hindernis darstellen. Einige besonders lohnenswerte Attraktionen für Kinder und Familien:

- **Creaviva,** Monument im Fruchtland 3 (im Zentrum Paul Klee). Sehr schönes, extrem vielfältiges museumspädagogisches Angebot des Zentrums Paul Klee 19. Hier können Kinder und Jugendliche, aber auch Erwachsene an interaktiven Ausstellungen teilnehmen oder zum Thema der aktuellen Ausstellung im ZPK selber kreativ werden. In Workshops und Ateliers werden Grundlagen der bildenden Kunst vermittelt. Besonders schön ist die „Fünfliber-Werkstatt“ an Samstagen und Sonntagen sowie in den Berner Schulferien: Hier können ganze Familien unter einer einfachen Anleitung gemeinsam ein Kunstwerk erschaffen. Der Eintritt kostet inklusive Material nur 5 SFr – pro geschaffenem Werk!
- In der **Emmentaler Schaukäserei** 22 erfährt man, wie die Löcher in den Käse kommen.
- Das **Freibad Marzili** (s. S. 118) ist bei schönem Wetter eine Attraktion für Jung und Alt. Für kleine Kinder gibt es spezielle Becken mit flachem Wasser.
- Im Archäologiemuseum **Laténium** 26 bei Neuenburg begibt man sich auf die Spur der antiken Pfahlbauer.
- Das **Museum für Kommunikation** (s. S. 61) ist durch die vielen interaktiven Elemente sehr interessant für Kinder und Jugendliche.
- Das **Naturhistorische Museum** (s. S. 61) ist das ideale Revier für kleine Forscher. Neben den Sammlungen gibt es viele spannende Mitmach-Angebote.

•**181** [di] **Seilpark Bern,** Thunplatz (vom Platz aus die kleine Straße Richtung Wald nehmen), Tram, Bus: Thunplatz, Tel. 031 3510911, www.ropetech.ch, Mitte März–Ende Sept. tägl. 10–18, Eintritt: 42 SFr, Schüler, Studenten und Rentner 37 SFr, unter 16 Jahren 32 SFr, diverse Familientickets. Toller Klettergarten für die ganze Familie im Wald beim Tierpark Dählhölzli (s. u.). Auf einer Gesamtlänge von rund 3000 Metern und bis auf eine Höhe von 23 Metern werden zwischen den Bäumen Erwachsenenparcours in vier Schwierigkeitsstufen sowie drei spezielle Parcours für Kinder von 4 bis 9 Jahren angeboten. Vor Benutzung des Klettergartens muss ein Theorietest ausgefüllt werden. Wer Zeit sparen möchte, kann den Test nach Registrierung auf der Internetseite des Seilparks online ausfüllen.

•**182** [cj] **Tierpark Dählhölzli** ✿, Tierparkweg 1, Bus 19: Tierpark, Tel. 031 3571515, www.tierpark-bern.ch, Anfang März–Ende Okt. tägl. 9–18, Anfang Nov.–Ende Febr. tägl. 9–17 Uhr, Eintritt: 11 SFr, Schüler, Studenten und Rentner 9 SFr, Kinder und Jugendliche 6–15 Jahre 7 SFr, Familien

088be © OliverFoerstner, stock.adobe.com

(höchstens 2 Erwachsene und 4 Kinder) 28 SFr, Führungen 35/40 SFr, Kinder 6–16 Jahre 25/30 SFr. Getreu seinem Motto „Mehr Platz für weniger Tiere" ist der Berner Tierpark in den vergangenen Jahren etwas tierfreundlicher umgestaltet worden. Neben den üblichen exotischen Arten legt man besonderen Wert auf die Vermittlung der Tierwelt des Alpenraumes und zeigt Schneehühner, Wölfe und Steinböcke, letztere sogar in einem ohne Eintritt in den eigentlichen Tierpark zugänglichen Gehege direkt an der Aare. Der Tierpark bietet das ganze Jahr über spannende Führungen (teilweise sogar abends nach Schließung) an, die wechselnden Themen und Termine kann man dem Veranstaltungskalender auf der Internetseite entnehmen. Der Tierpark Dählhölzli betreut auch die Bären im BärenPark 4.

Der Besuch im BärenPark 4 ist für Kinder und Erwachsene kostenlos

Notfälle

Polizei

In der Innenstadt befinden sich zwei Polizeiwachen: am Hauptsitz der Kantonspolizei am Waisenhausplatz sowie im Bahnhof.

183 [E4] **Polizeistation Waisenhausplatz,** Waisenhausplatz 32, Tram, Bus: Bärenplatz, Mo.–Fr. 7–18, Sa. 10–17 Uhr

184 [D4] **Polizeistation im Bahnhof,** Erdgeschoss, Tram, Bus: Bahnhof, Mo.–Fr. 9.30–18, Sa. 10–17 Uhr

Kartensperrung

Bei **Verlust der Debit-/Giro-, Kredit-** oder **SIM-Karte** gibt es für Kartensperrungen eine **deutsche Zentralnummer** (unbedingt vor der Reise klären, ob die eigene Bank bzw. der jeweilige Mobilfunkanbieter diesem Notrufsystem angeschlossen ist). **Aber Achtung:** Mit der telefonischen Sperrung sind die Bezahlkarten zwar für die Bezahlung/Geldabhebung mit der PIN gesperrt, nicht jedoch für das **Lastschriftverfahren mit Unterschrift.** Man sollte daher auf jeden Fall den Verlust zusätzlich **bei der Polizei zur Anzeige bringen,** um gegebenenfalls auftretende Ansprüche zurückweisen zu können.

In **Österreich** und der **Schweiz** gibt es keine zentrale Sperrnummer, daher sollten sich Besitzer von in diesen Ländern ausgestellten Debit- oder Kreditkarten vor der Abreise bei ihrem Kreditinstitut über den zuständigen Sperrnotruf informieren.

Generell sollte man sich immer die **wichtigsten Daten** wie Kartennummer und Ausstellungsdatum **separat notieren,** da diese ggf. abgefragt werden.

› **Deutscher Sperrnotruf:** Tel. +49 116116 oder Tel. +49 3040504050
› **Weitere Infos:** www.kartensicherheit.de, www.sperr-notruf.de

Fundsachen

•185 [E4] **Fundbüro der Stadtverwaltung,** Theatergässchen 2, Tram, Bus: Zytglogge oder Bärenplatz, Tel. 031 3215050, www.bern.ch, Mo.–Mi., Fr. 10–16, Do. 10–18 Uhr
•186 [D5] **Fundbüro ÖPNV,** Bubenbergplatz 5, Tram, Bus: Bahnhof, Tel. 031 3218844, www.bernmobil.ch, Mo.–Fr. 9–18, Sa. 9–17 Uhr
•187 [D4] **Fundbüro SBB,** Bahnhof Erdgeschoss (Stadtgeschoss), Tram, Bus: Bahnhof, Tel. 0848 446688, www.sbb.ch, tägl. 8.30–19 Uhr

Notrufnummern

› **Polizei:** Tel. 117
› **Ambulanz:** Tel. 144
› **Feuerwehr:** Tel. 118

Post

Das **Porto** für Postkarten und Standardbriefe (bis Größe DIN B5 und einem Gewicht von höchstens 20 Gramm) ins europäische Ausland kostet derzeit 1,80 SFr. Ein Päckchen (im Schweizer Postjargon „Kleinwaren“ genannt) ins europäische Ausland kostet bis 500 Gramm Gewicht 14 SFr, bis 1 kg 20 SFr und bis 2 kg 30 SFr. Briefmarken erhält man außer in den Postfilialen oft auch an Zeitungskiosken.

Zentral gelegene Postfilialen in Bern sind:

✉188 [C5] **Post (1),** Bogenschützenstrasse 9B, Tram, Bus: Bahnhof, Mo.–Fr. 7.30–21, Sa. 8–17, So. 16–20 Uhr.
✉189 [F5] **Post (2),** Kramgasse 1, Bus 12: Rathaus, Mo.–Fr. 8–18, Sa. 8.30–11 Uhr
✉190 [G5] **Post (3),** Schifflaube 4, Mattelift: Talstation, Mo.–Fr. 9–14 und 17–18, Sa. 10–15 Uhr

Radfahren

Trotz so mancher Steigung in der Stadt ist das Fahrrad ein sehr beliebtes Verkehrsmittel in Bern. Wer sich dazu entschließt, die Stadt auf zwei Rädern zu erkunden, sollte auf dem **Kopfsteinpflaster** in den Altstadtgassen vorsichtig fahren. Besonders aufpassen sollte man auch auf die Tramschienen auf der Achse Spitalgasse-Marktgasse sowie am Zytglogge ❶. In den Straßen rund um den Bahnhof herrscht an den viel zu wenigen Fahrradabstellplätzen ein heilloses Chaos. Hier sollte man sein Rad nach Möglichkeit nicht abstellen, da man ansonsten Gefahr läuft, dass es von der Polizei oder der Bahn „aufgeräumt“ wird.

Im Schweizer Sprachgebrauch heißen Fahrräder – auch offiziell – Velo. Fahrräder kann man bei folgenden Anbietern ausleihen:

- **191** [D5] **PubliBike,** Station Bahnhofplatz, Spitalgasse 44, Tel. 058 4535050, www.publibike.ch. Der große Schweizer Leihfahrradanbieter versorgt Bern flächendeckend (rund 100 Stationen in ganz Bern, z. B. auch beim Zytglogge) mit herkömmlichen Rädern und E-Bikes. Die Ausleihe und Rückgabe funktioniert über eine App. Die Kosten ohne ein Jahresabo belaufen sich auf 3,50 SFr für die erste halbe Stunde und danach 10 Rappen pro Minute. 24 Stunden kosten 24 SFr (E-Bikes gibt es für doppelt so viel Geld).
- **192** [D4] **SBB/Rent a bike,** Bahnhof Erdgeschoss (Stadtgeschoss, beim Gepäckschalter), Tram, Bus: Bahnhof, Tel. 041 9210575, www.rentabike.ch, tägl. 8.30–18 Uhr. Hier werden Erwachsenen- und Kinderfahrräder sowie E-Bikes vermietet. Tarife: Fahrräder 38 SFr, E-Bikes 60 SFr pro Tag.

Viele Berner nutzen das Fahrrad als alltägliches Verkehrsmittel

Sicherheit

Bern ist ein **rundum sicheres Reiseziel.** Wie überall auf der Welt sollte man in größeren Menschenmengen und in vollen öffentlichen Verkehrsmitteln auf Taschendiebe achten. Wertsachen sollte man nicht offen im Auto liegenlassen.

Die Verbindungen zwischen Altstadt und Mattequartier (Fricktreppe, Mattentreppe, Frickweg) sowie die Fußwege von der Kleinen Schanze hinunter ins Marziliquartier können bei Dunkelheit recht gruselig wirken. Es passiert aber in aller Regel nichts.

Sport und Erholung

Eines der außergewöhnlichsten Vergnügen in Bern überhaupt ist im Sommer das **Schwimmen in der Aare.** Nach dem Sprung ins smaragdgrüne, äußerst saubere Wasser lässt man sich gemütlich mitten durch die Stadt flussabwärts treiben. Die Strecke ist durch die Schwelle beim Mattequartier 5 unterbrochen, unterhalb

dieser Stelle genießt man beim Dahingleiten einen herrlichen Blick auf die Altstadt. Das Schwimmen in der Aare ist geübten Schwimmern vorbehalten. Bei Hochwasser sollte man auf keinen Fall in den Fluss steigen. Die üblichen Routen sind:

1. Einstieg beim **Strandbad Eichholz** oder als besonderes Vergnügen Sprung vom **Schönausteg** (auf Höhe des Tierparks Dählhölzli), Ausstieg beim **Marzilibad** oder spätestens auf Höhe der Dalmazibrücke bei der Jugendherberge (s. S. 124). Ab hier kann es aufgrund der Schwelle beim Mattequartier gefährlich werden!

2. Einstieg beim **Restaurant Schwellenmätteli** (s. S. 67), beim **BärenPark** 4 oder Sprung vom **Altenbergsteg** (unter der Kornhausbrücke), Ausstieg spätestens beim Lorrainebad, danach besteht Gefahr durch das Stauwehr Felsenau.

Die beiden genannten **Fußgängerbrücken** befinden sich nur rund 2 Meter über dem Wasser. Der Sprung in die Aare ist nicht nur sicher und spaßig, sondern auch ausdrücklich erlaubt. Nach dem „Aareschwumm", wie die Berner sagen, geht es zu Fuß wieder zum Einstiegsort und auf eine weitere Runde! Denn flussaufwärts schwimmen geht leider nicht …

Die **Berner Freibäder** am Fluss sind auch sonst einen Besuch wert. Man kann hier gemütlich liegen, etwas essen oder trinken und wenn die Aare zu kalt sein sollte, in den Becken schwimmen. Sehr praktisch: der Eintritt ist seit jeher kostenlos. Die Bäder sind in der Regel von Ende April bis Ende September geöffnet (je nach Wetterlage können diese Zeiten leicht variieren).

•193 [D1] **Lorrainebad,** Uferweg (keine Zufahrt mit dem Auto), Bus 20: Lorraine, Tel. 031 3322950, www.sportamt-bern.ch, Mai und Sept. tägl. 10–19, Juni–Mitte August 10–21, Mitte–Ende August 10–20 Uhr. Kultiges altes Freibad mit einem Naturschwimmbecken mit echtem Aarewasser, Kinderbecken und gemischtem FKK-Bereich.

•194 [E6] **Marzilibad,** Marzilistr. 29, Marzilibahn: Talstation oder Bus 30: Marzilistrasse, Tel. 031 3110046, www.sportamt-bern.ch, Mai und Sept. tägl. 8.30–19, Juni–Mitte August Mo.–Fr. 7–21, Sa. 8.30–21, Mitte–Ende August Mo.–Fr. 7–20, Sa. 8.30–20 Uhr, auch außerhalb

019be-bt

dieser Zeiten ganzjährig zugänglich, allerdings ohne Dienstleistungen. Im legendären „Marzili“ unterhalb vom Bundeshaus trifft sich im Sommer „tout Berne“, von der Studentin bis zum Bundesrat. Das 1782 eröffnete, heute 10.000 Quadratmeter große Freibad am Fluss ist ein fester Teil des Berner Lebensgefühls und hat auch historisch eine Rolle gespielt: Hier durften 1978 – sieben Jahre nach Einführung des Stimmrechts – Frauen zum ersten Mal in der Schweiz „oben ohne“ schwimmen. Bis heute existiert im Marzilibad ein FKK-Bereich nur für Frauen, der treffend „Paradiesli“ genannt wird. Für Wasserratten jeglichen Alters bietet das Marzili nebst Treppenzugängen zur Aare ein 50-Meter- und zwei 25-Meter-Becken, einen Sprungturm und Kinderbecken. Dazu gibt es einen tollen Blick aufs Bundeshaus.

•195 [dj] **Strandbad Eichholz,** Strandweg 49, Wabern, Bus 27: Camping Eichholz (Fahrzeit mit Linie 27 ab Wabern Bahnhof oder Tramhaltestelle Eichholz ca. 2 Minuten; Anfahrt bis Wabern Bahnhof mit der S-Bahn, bis Tramhaltestelle Eichholz mit Tram 9), Tel. 031 9612602, www.campingeichholz.ch, April, Mai, Sept. tägl. 8.30–20.30, Juni–Aug. 7.30–22, Oktober 8–10 und 16–18 Uhr, auch außerhalb dieser Zeiten ganzjährig zugänglich, allerdings ohne Dienstleistungen. Große, frei zugängliche Liegewiese neben dem Campingplatz Eichholz direkt an der Aare. Ein sehr guter Ausgangspunkt für eine ausgedehnte Schwimmtour in der Aare (von hier aus kann man bis zum Marzilibad schwimmen). Im Sommer vor allem bei jungen Menschen beliebt, die sich hier gerne zum Grillen treffen.

Entspannung pur: ein Bad in der Aare

MEIN TIPP

Die Aare im Internet

Auf der Internetseite www.aare.guru findet man in ansprechender Aufmachung detaillierte Infos zu Wassertemperatur, Wetter, eventuellem Hochwasser und Ähnlichem, dazu ein schönes Video zur Einstimmung auf den Aarespaß.

Sprache

Wer aus Deutschland (mit Ausnahme einiger Gegenden Badens) oder Österreich (mit Ausnahme Vorarlbergs) nach Bern kommt, wird in der Regel als Erstes feststellen, dass er gar nichts von dem versteht, was die Einheimischen miteinander reden. Das ist nicht weiter verwunderlich, denn **Berndeutsch** gehört (gemeinsam mit den meisten anderen in der Schweiz gesprochenen Mundarten) zu den sogenannten **hochalemannischen Dialekten.** Diese weichen in der Aussprache stark vom Hochdeutschen und anderen deutschsprachigen Dialekten ab und weisen außerdem die Besonderheit auf, dass sie eine Reihe von grammatischen Formen erhalten haben, die woanders im deutschen Sprachraum schon ausgestorben sind.

Innerhalb der Schweiz mit ihren zahlreichen, zum Teil sehr unterschiedlichen Mundarten gilt Berndeutsch als einer der beliebtesten Dialekte. Dies liegt am weichen, runden Klang und dem melodischen Singsang der Sprache. Kein Wunder, dass die populärsten Schweizer Mundart-Bands (s. S. 77) aus dem Kanton Bern stammen. Für spöttische Bemerkungen gibt das **langsame Sprechtempo** der Berner Anlass, das allerdings sehr gut zum gemächlichen Pulsschlag der Stadt passt.

Einige Begriffe aus dem Schweizer Hochdeutschen

Billett	Fahrkarte
Car	Reisebus
Velo	Fahrrad
Garage	Autowerkstatt
Münz	Kleingeld
Fünfliber	5-Franken-Stück
Telefon	auch: Anruf (z. B.: „Ich habe ein Telefon bekommen.“)

Charakteristisch für die Berner Mundart im Vergleich zu anderen Schweizer Dialekten ist das gerollte „r“ und die Aussprache des „l“ mit einer ganz nach hinten gewölbten Zunge, sodass es wie ein „u“ klingt. Das „ch“ wird grundsätzlich wie im Wort „Ach“ gesprochen.

Der **archaische Charakter** des Berndeutschen wird auch dadurch deutlich, dass man sich in der höflichen Anredeform nicht siezt, sondern (wie früher im ganzen deutschen Sprachraum üblich) „euchzt“, also in der 2. Person Plural anredet. So lautet die in Bern übliche Begrüßung „Grüessech“, auf Hochdeutsch „(Gott) Grüß' Euch“ – wohlgemerkt für eine Person. Bei mehreren Adressaten heißt es „Grüessech mitenand“ – „(Gott) Grüß' Euch miteinander“.

Häufig hört man französische Ausdrücke, so etwa „Merci“ („Danke“), „Excusez“ („Entschuldigung!“ – ausgesprochen „Äxgüsi“), „Salut“ (als Gruß für Leute, die man duzt) und „Adieu“ (zum Abschied).

Wie in fast allen Deutschschweizer Dialekten bedient man sich auch im Berndeutschen häufig der berühmten **Verkleinerungsendung** „-li“, das dem hochdeutschen „-lein“ entspricht. Das ist zumeist pure Gewohnheit und drückt häufig lediglich eine gewisse Verbundenheit mit dem bezeichneten Gegenstand aus, ganz so, wie es auch in vielen romanischen und slawischen Sprachen üblich ist. Es wäre ein Fehler, diese Sprechgewohnheit und damit die Sprecher selbst als „niedlich“ misszuverstehen.

Außerhalb Berns können sich Berner leicht daran erkennen, ob sie in der Lage sind, das Wort „Miuchmäuchterli“ (Milchkanne) korrekt auszusprechen. Zum Glück muss (und sollte!) man sich als Besucher nicht an derlei Zungenbrechern versuchen, denn selbstverständlich sprechen alle Berner Hochdeutsch, oder wie man hierzulande sagt: Schriftdeutsch. Wenn man zu erkennen gibt, dass man kein Berndeutsch versteht, funktioniert das nach einem Augenblick der Umstellung in der Regel problemlos.

Das Schweizer Hochdeutsch zeichnet sich durch die allseits bekannte (und oft parodierte) Aussprache sowie durch ein langsameres Sprechtempo als insbesondere in der Nordhälfte Deutschlands aus. Darauf sollte man als Besucher Rücksicht nehmen. Darüber hinaus wird man vermutlich auf einige möglicherweise ungewohnte Worte stoßen (s. links).

Einen besonderen Charme entwickelt das Schweizer Hochdeutsch durch eine gewisse Umständlichkeit, sobald es um offizielle, z. B. Gesetzestexte geht. So war etwa eines der heiß diskutierten Themen der 1970er-Jahre das „Gurtentrageobligatorium“. Hinter dem Wortungetüm verbirgt sich die Anschnallpflicht, die schließlich 1981 per Volksabstimmung eingeführt wurde.

Stadttouren

- Der Verband **Bern Welcome** bietet neben der klassischen Stadtführung eine bunte Palette an thematischen Führungen: vom Rundgang mit einem originalgetreu kostümierten napoleonischen Besatzungssoldaten bis hin zur Frauenführung und einer Tour namens „Gespentisches Bern". Sehr beliebt ist auch die Zytglogge-Führung mit Besichtigung des historischen Uhrwerks ❶. Infos und Buchung: www.bern.com/de/sehen-erleben/stadtfuehrungen.
- Bei **StattLand** kann man aus einer ganzen Reihe von thematischen Rundgängen wählen, die für individuelle Gäste ganzjährig mittwochs, samstags und sonntags angeboten werden. Die Touren werden von einem Schauspieler begleitet, der die Gäste auf die jeweilige Epoche einstimmt. Infos und Buchung: www.stattland.ch.
- Eine spannende Mischung aus Geocaching und traditioneller Schnitzeljagd können Gruppen ab zwei Personen bei **Foxtrail** buchen. Während des etwas komplizierten Online-Buchungsprozesses wählt man aus unterschiedlich langen Touren die geeignete aus, die Tickets selbst holt man am Bahnhof ab. Infos und Buchung: www.foxtrail.ch.
- Unter dem Namen **Bern by Boat** fährt **Galerist Johannes Spycher** bis zu acht Gäste mit seinem Motorboot „Igor" auf der Aare zwischen Matte und Stauwehr Felsenau spazieren und erzählt dabei Geschichten über die Stadt. „Igor" liegt am Ländtetor bei der Untertorbrücke [H4] vor Anker, hier beginnen auch die Touren. Feste Abfahrtszeiten gibt es bislang nicht, Kapitän Spycher kann über die Telefonnummern 031 3117141 bzw. 079 1334210 oder booking@bern-by-boat.ch zwecks Terminabsprache kontaktiert werden. Weitere Infos unter www.chez-graber.ch/blog/bern-by-boat.

Telefonieren

Berner **Festnetznummern** haben in der Regel die Ortsvorwahl 031 (es kann Ausnahmen geben, da die Telefonnummern in der Schweiz bei Umzug samt Ortsvorwahl mitgenommen werden können), **Handynummern** die Vorwahlen 076, 077, 078 oder 079. Bei **Telefonaten im Inland** muss immer zunächst die Ortsvorwahl (auch bei Telefonaten innerhalb eines Vorwahlengebiets) und dann die Rufnummer gewählt werden. Dementsprechend sind in diesem Buch alle Telefonnummern mit Vorwahl angegeben.

Kostenfalle Datenroaming

Viele Reisende nutzen auch im Ausland eine **mobile Datenverbindung.** Dies ist jedoch häufig mit hohen Kosten verbunden. Man sollte daher vor der Reise bei seinem Netzbetreiber Informationen über evtl. günstigere Auslandsdatenpakete einholen oder zur Sicherheit die Mobile-Daten-Option deaktivieren und nur über kostenlose WLAN-Netze ins Internet gehen.

Bei längeren oder häufigeren Aufenthalten kann sich der Kauf einer **Schweizer SIM-Karte** lohnen. Die Tarife für ein Telefonat oder eine SMS nach Hause verringern sich damit im Vergleich zum Roaming drastisch, eingehende Anrufe kosten nichts. Prepaid-SIM-Karten erhält man auch ohne Wohnsitz in der Schweiz unter Vorlage eines Ausweises in einem der

Ländervorwahlen

- **Deutschland:** 0049
- **Österreich:** 0043
- **Schweiz:** 0041

zahlreichen Geschäfte der drei Handy-Netzbetreiber Swisscom, Salt und Sunrise. Aufladungen sind in zahlreichen Fachgeschäften und Supermärkten, an SBB-Fahrkartenautomaten, an Geldautomaten sowie per Kreditkarte im Internet möglich.

Unterkunft

Die Nachfrage nach Hotelbetten in Bern ist deutlich größer als das Angebot. Nach Ansicht von Experten fehlen in der Stadt rund 500 Betten. Diese Situation treibt die Übernachtungspreise in die Höhe.

Bei der Buchung über kommerzielle **Reservierungssysteme** können teilweise extrem günstige Preise erzielt werden. Aber es lohnt sich auch der Blick auf die Internetseiten der Hotels, wo oft Last-Minute-, Wochenend- und ähnliche Aktionen angeboten werden.

Zusätzlich zu den Übernachtungspreisen wird eine Kurtaxe in Höhe von 5,30 SFr pro Person und Nacht erhoben. Dafür erhält man bei offiziellen Unterkünften (alle unten aufgeführten gehören dazu) ein **Bern Ticket**, mit dem man während des gesamten Aufenthalts die öffentlichen Verkehrsmittel nutzen kann.

In vielen Hotels muss man für die Nutzung von WLAN in den Zimmern extra zahlen.

Eine preisgünstige Alternative sind **Privatzimmer** oder **Ferienwohnungen.** Unter der Zimmervermittlung von Bern Welcome (www.bern.com) findet sich eine große Auswahl.

Viele der gängigen **Hotelketten** sind auch in Bern präsent und im Internet leicht aufzufinden. Die folgende Auswahl konzentriert sich deshalb auf besondere, individuelle Unterkunftsmöglichkeiten.

Preiskategorien

Annäherungswert für den Preis eines DZ pro Nacht inkl. Frühstück

€	bis 150 SFr
€€	150–250 SFr
€€€	über 250 SFr

Buchungsportale

Neben Buchungsportalen für **Hotels** (z. B. www.booking.com, www.hrs.de oder www.trivago.de) bzw. für **Hostels** (z. B. www.hostelworld.com) gibt es auch Anbieter, bei denen man **Privatunterkünfte** buchen kann. Portale wie www.airbnb.de oder www.wimdu.de vermitteln Wohnungen, Zimmer oder auch nur einen Schlafplatz auf einer Couch. Diese oft recht günstigen Übernachtungsmöglichkeiten sind nicht unumstritten, weil manchmal normale Wohnungen gewerblich missbraucht werden. Einige Städte greifen deshalb regulierend ein.

196 [C4] **Am Pavillon** €€, Pavillonweg 1a, Bus 20: Schanzenstrasse, S-Bahn: Bern Bahnhof, Tel. 079 1986283, www.ampavillon.ch. **Frühstücken im Garten:** stilvolles Bed & Breakfast in einem alten Haus aus dem späten 19. Jh. Historisches Parkett und Deckenstuck trifft auf sparsame zeitgenössische Möblierung. Den Gästen stehen ein kleiner Garten zum Frühstücken, kostenlose Leihfahrräder und gratis WLAN zur Verfügung. In der Nähe des Ausgangs „Welle" des Bahnhofs gelegen.

197 [G7] **Apartments Justingerweg** €€, Justingerweg 18, Tram, Bus: Thunplatz, Tel. 076 3494042, www.apartmentsjustingerweg.com. **Ruhig schlafen im Diplomatenviertel:** zwei sehr schöne, geschmackvoll eingerichtete Apartments in einem historischen Gebäude mitten im vornehmen Botschaftsviertel Kirchenfeld. Dennoch sehr gute Verkehrsanbindung nur drei Tramhaltestellen vom Zytglogge entfernt.

198 [G7] **Artistshouse** €, Luisenstr. 20, Tramlinien 7 und 8: Luisenstrasse, http://wohnung.cilgiaragethkunst.ch, Tel. 031 3524086. **Fürs schmale Budget:** Einfache, günstige Pension, die die Künstlerin Cilgia Rageth ursprünglich für durchreisende Kollegen eingerichtet hat, die sich die teuren Berner Hotels nicht leisten können. Alle anderen Bern-Besucher sind in dem freistehenden Altbau im Kirchenfeldquartier aber ebenfalls willkommen.

199 [G7] **Beauvilla** €€, Jungfraustr. 28, Tram: Luisenstrasse, Tel. 031 3524706, www.apartment-beauvilla-bern.com. **Logieren im Jugendstilambiente:** Gabriela und Marc Capeder haben in einer wunderschönen, denkmalgeschützten Jugendstilvilla im Botschaftsviertel ein edles Bed & Breakfast eingerichtet. Geschmackvolles Interieur, gute Betten und ein hervorragendes Frühstücksbuffet.

200 [G4] **Belle Epoque** €€€, Gerechtigkeitsgasse 18, Bus 12: Nydegg, Tel. 031 3117171, www.belle-epoque.ch. **Im Herzen der Altstadt:** Eigentlich wollte der Zahnarzt Dr. Philippe D. Ledermann 1987 ein Gebäude als Galerie für seine Kunstsammlung kaufen. Nach der Renovierung beschloss er aber, doch lieber ein Hotel daraus zu machen und seine Gäste mit dem Anblick der Kunstwerke zu erfreuen. Darüber hinaus ist das Belle Epoque mit echten Jugendstilmöbeln eingerichtet und lockt mit einem hervorragenden Restaurant.

201 [A2] **Casita** €€, Schwalbenweg 6a, Bus 20: Länggasse, Tel. 079 2606612, www.casita-bern.ch. **Schlafen im kleinsten Haus der Stadt:** Berns wohl ungewöhnlichste Unterkunft erwartet ihre Bewohner im studentisch geprägten Länggass-Quartier. Die Gäste der Casita übernachten nicht einfach in einem Zimmer, sondern in einem eigenen kleinen Haus mit Schlafzimmer, Wohnzimmer, Küche, Bad und Dachterrasse. Das bedeutet natürlich auch, dass man rechtzeitig reservieren sollte.

202 [F5] **Glocke** €, Rathausgasse 75, Tram, Bus: Zytglogge, Tel. 031 3113771, www.bernbackpackers.ch. **Für Gäste mit wenig Geld und guten Nerven:** Etwas liebloses, aber dafür sehr preisgünstiges Hostel mitten in der Altstadt beim Zytglogge. Außer den üblichen Schlafsälen werden auch Einzel- und Doppelzimmer angeboten. Viele junge Gäste aus aller Herren Länder.

203 [F5] **Goldener Schlüssel** €€, Rathausgasse 72, Tram, Bus: Zytglogge, Tel. 031 3110216, www.goldener-schluessel-bern.ch. **Eines der traditionsreichsten Häuser in der Berner Altstadt:** Seit 1508 besteht an dieser Stelle ein Gasthof unter dem Namen „Goldener Schlüssel". Damals lag der Pferdestall direkt unterhalb der Zimmer und sorgte vermutlich für eine ziemliche Belästigung der Gäste. Inzwischen haben die Stallungen einem sehr guten Restaurant Platz gemacht, sodass weder der Nachtruhe noch den Gaumenfreuden Grenzen gesetzt sind.

204 [cg] **Innere Enge** €€€, Engestr. 54, Bus 21: Innere Enge, Tel. 031 3096111, www.innere-enge.ch. **Ländlich wirkende Idylle:** Ursprünglich war die Innere Enge ein Ausflugslokal für die Berner Bürger, und noch heute hat man beim Anblick des freistehenden Fachwerkbaus nicht das Gefühl, sich nur 4 Busminuten vom Bahnhof einer europäischen Hauptstadt zu befinden. Später dinierte Napoleons Gattin hier, seit 1992 ist die Innere Enge ein Hotel. Sehr bekannt ist das im Gebäude ansässige „Marian's Jazzroom" (s. S. 76), einer der führenden Jazzclubs in Europa. Zum Haus gehört auch eine Parkanlage mit Minigolfbahn. Die Innere Enge ist eine ideale Unterkunft für Autofahrer, da sie sich in der Nähe der Autobahn befindet und den Gästen hoteleigene Parkplätze zur Verfügung stellt.

205 [E5] **Jugendherberge Bern** €, Weihergasse 4, Bus 30: Dalmazibrücke oder Marzilibahn: Talstation, Tel. 031 3261111, www.youthhostel.ch/bern. **Solide in Top-Lage:** Die günstige Übernachtungsmöglichkeit bietet neben den für eine Jugendherberge üblichen Mehrbett-Schlafsälen auch Einzel- und Doppelzimmer für Gäste jeden Alters. Gäste mit Jugendherbergs-Ausweis erhalten einen Rabatt.

206 [H4] **Landhaus** €, Altenbergstr. 4, Bus 12: Bärenpark, Tel. 031 3480305, www.landhausbern.ch. **Blick auf die Bären:** individuell gestaltetes Hotel in einem schönen Altbau direkt an der Aare beim Bärengraben. Wer mit einem Etagenbad vorlieb nimmt, kann hier schon für 130 SFr übernachten.

207 [E4] **Metropole** €€, Zeughausgasse 28, Tram, Bus: Bärenplatz, Tel. 031 3299595, www.hotelmetropole.ch. **Keine Experimente:** nüchternes, solides Hotel direkt am Waisenhausplatz.

208 [C5] **National** €€, Hirschengraben 24, Tram, Bus: Hirschengraben, Tel. 031 5521515, www.nationalbern.ch. **Tradition in Bahnhofsnähe:** Kombination aus Hotel, Restaurant, Konzertsaal und Club mit viel historischem Flair in Bahnhofsnähe.

209 [H3] **Prizeotel** €, Viktoriastr. 21, Bus 10: Schönburg, Tel. 031 5612960, www.prizeotel.com. **Hier geht die Post ab:** Eins der günstigsten Berner Hotels ist zugleich auch das schrägste. In der ehemaligen Zentrale der Schweizerischen Post bietet der Radisson-Ableger 188 ungewöhnlich designte Zimmer in – natürlich – postgelb. Mit schöner Dachterrasse direkt am Rosengarten.

210 [G4] **Stürlerhaus** €, Altenbergstr. 60, Bus 12: Bärenpark, www.stuerlerhaus.ch. **Außergewöhnliche Wohnform:** Im Stürlerhaus leben 10 Menschen in der zweiten Lebenshälfte, die sich ganz bewusst für eine gemeinschaftliche Wohnform entschieden haben. Sie vermieten zwei ihrer Zimmer zu einem günstigen Preis als „Bed & Kitchen" an Gäste. Eine schöne Übernachtungs-Alternative abseits des Kommerz – und das auch noch direkt am Aareufer!

Verhaltenstipps

Will man nicht unnötig anecken, ist es ratsam, sich auf die **Langsamkeit** und die etwas **umständliche Höflichkeit** der Berner einzulassen. Diese Eigenarten machen den besonderen Rhythmus der Stadt aus und tragen zu ihrem Flair bei. Fingertrommeln an der Kasse und vermeintlich gute Ratschläge für Fachleute haben oft nur zur Folge, dass die Einheimischen ihre Vorurteile bestätigt sehen; seine Ziele wird man auf diese Weise jedenfalls nicht erreichen.

Sprachlich sollte man sich darauf einstellen, dass viele Schweizer nicht daran gewöhnt sind, Hochdeutsch (oder wie man in der Schweiz sagt: Schriftdeutsch) zu reden. Sie brauchen daher einen Moment für die Umstellung. Und auch danach sollte man darauf achten, nicht allzu schnell zu sprechen, um richtig verstanden zu werden. Wenn man auf Dialekt angesprochen wird, ist es überhaupt kein Problem zu sagen, dass man

Bei den Trams auf der Marktgasse [E5] ist Vorsicht geboten

kein **Berndeutsch** versteht. Der Versuch hingegen, sich als Besucher aus dem deutschsprachigen Ausland der Mundart zu bedienen, wirkt lächerlich und sollte vermieden werden.

Beim Grüßen kann es zunächst überraschend wirken, dass man sich in Bern schon ab ca. 14 Uhr einen „Schönen Abend" wünscht.

Verkehrsmittel

In Friedrichs Dürrenmatts Kriminalroman „Der Richter und sein Henker" (s. S. 112) findet die in Bern ansässige Hauptfigur, der Kriminalkommissar Bärlach, dass die Stadt viel zu klein sei „für Trams und dergleichen". Tatsächlich sind die Entfernungen zwischen den Haltestellen der städtischen **Verkehrsbetriebe Bernmobil** zumeist auch sehr gut zu Fuß zu bewältigen.

Dennoch ist das **engmaschige Netz aus Trams und Bussen** unter Stadtbewohnern wie Besuchern sehr beliebt. Es verkehren durchgängig Niederflurfahrzeuge.

Die Trams sowie die wichtigeren Buslinien in der Innenstadt fahren tagsüber alle 5–8 Minuten, abends etwas seltener. Betriebsschluss ist gegen Mitternacht, danach kann man noch mit dem Moonliner (s. S. 127) nach Hause fahren.

› **Bernmobil,** www.bernmobil.ch

Tram

Die Straßenbahn (in Bern grundsätzlich *das* Tram genannt) bildet das **Rückgrat des Berner Nahverkehrssystems.** Die Linien 6, 7, 8 und 9 durchfahren allesamt die Altstadt zwischen Hirschengraben und Zytglogge und verzweigen in den Außenbezirken. Mit der Linie 9 erreicht man den Hausberg Gurten im Süden der Stadt (s. S. 87). Ohnehin ist sie eine besondere Linie: Mit dem Lied „Ds Nünitram" hat ihr der legendäre Berner Liedermacher Mani Matter (s. S. 77) ein Denkmal gesetzt.

065be-gk

Bus

Die für Besucher wichtigste Buslinie ist die **12**, die aus Holligen kommend als einzige ÖPNV-Linie die gesamte Untere Altstadt bis zum Bärengraben 4 durchfährt und anschließend beim Zentrum Paul Klee 19 endet. Sehr nützlich ist auch die **Linie 30**, die im Ringverkehr vom Bahnhof aus durch die Altstadt in die Matte und ins Marzili hinunterfährt. Leider wird diese praktische Linie trotz zahlreicher Initiativen der Mattebewohner nur abends ab 20.30 Uhr bis kurz nach Mitternacht bedient.

Taxi

Die **Taxipreise** in Bern bewegen sich um die 6,80–8 SFr für den Grundpreis und darüber hinaus um die 4,50 SFr pro Kilometer tagsüber und 5,50 SFr ab 20 Uhr und sonntags. Zwischen den verschiedenen Taxiunternehmen bestehen leichte Abweichungen. Die genauen Preise des jeweiligen Wagens sind an der Beifahrertür oder am Kotflügel angeschrieben.

Am Bahnhof, am Casinoplatz und bei größeren Hotels findet man fast immer ein freies Taxi. Wer eins rufen möchte oder muss, kann sich an die folgenden Unternehmen wenden:

- **Bären Taxi,** Tel. 031 3711111, www.baerentaxi.ch
- **Nova Taxi,** Tel. 031 3313313, www.novataxi.ch

Alternativ kann man auch den Online-Fahrdienstleister **Uber** nutzen:

- www.uber.com

066be-gk

Weitere Verkehrsmittel

Was wäre eine echte Schweizer Stadt ohne Bergbahn? Bern hat gleich zwei. Die 1885 eröffnete **Marzilibahn** ist mit ihren 105 Metern Streckenlänge und einer Fahrzeit von etwa einer Minute die zweitkürzeste Standseilbahn Europas. Dennoch hat sie schon so manchen Fahrgast glücklich gemacht, dem allein beim Anblick des steilen Fußwegs von der Aare hoch zum Bundeshaus 15 der Schweiß ausgebrochen ist. Die Marzilibahn gehört nicht zu Bernmobil, sondern wird von einer eigenen Aktiengesellschaft betrieben. Dementsprechend muss eine extra Fahrkarte zum Preis von 1,50 SFr gekauft werden. Die Kasse befindet sich in der Bergstation; bei einer Bergfahrt zahlt man also oben nach der Fahrt. Inhaber des Bern Tickets benötigen auf der Marzilibahn

Ganze 105 Meter ist die Marzilibahn lang

allerdings keine Fahrkarte. Die Bahn verkehrt täglich zwischen 6.15 und 21 Uhr.

Die **Gurtenbahn** ist hingegen eine veritable Bergbahn. Seit 1899 befördert sie Erholungssuchende auf den Berner Hausberg. Seit der Renovierung 1999 sind moderne Panoramawagen im Einsatz, die mit ihren großen Glasscheiben schon während der Fahrt einen herrlichen Blick auf Bern gestatten. Eine Fahrt kostet 6 SFr, hin und zurück zahlt man 11 SFr. Auf der Gurtenbahn gelten sowohl das Bern Ticket als auch die gewöhnlichen Zeitkarten. Die Bahn fährt im 15-Minuten-Takt von 7 Uhr bis Mitternacht (bei Veranstaltungen auch länger). Von Januar bis Mai 2024 wird die Gurtenbahn einer **Generalerneuerung** unterzogen. Es ist mit Einschränkungen zu rechnen.

Der **Mattelift** ist noch steiler als die beiden Standseilbahnen, genaugenommen senkrecht: Der von den Bernern scherzhaft „Senkeltram" genannte Aufzug verbindet die Münsterplattform mit der Badgasse [F5] in der Matte. Aus der verglasten Kabine hat man einen schönen Blick über die Aare. Wem das zu schwindelerregend ist, kann aber auch ein Schwätzchen mit dem mitfahrenden Liftbetreuer (allesamt sehr freundliche ältere Herren) halten. Der Fahrpreis beträgt 1,50 SFr, Bern-Ticket und Bernmobil-Zeitkarten sind gültig. Der Mattelift ist Mo.–Sa. von 6 bis 20.30 Uhr und So. von 7 bis 20.30 Uhr in Betrieb.

Nachtbusse

Unter dem Namen **„Moonliner"** bringen Nachtbusse Partygänger im gesamten Kanton Bern sicher nach Hause. Die Busse fahren vom Berner Bahnhof aus weitgehend auf den Linien der Tages-Verkehrsmittel in die Außenbezirke und weiter in die Region. Zusätzlich besteht ein Shuttle-Bus aus der Matte zum Bahnhof. Alle Moonliner-Linien verkehren freitag- und samstagnachts. Es gelten die gleichen Fahrkarten und Abos wie im Tagesbetrieb (also auch das Bern Ticket).

Fahrkarten

Wer in einer offiziell angemeldeten Unterkunft übernachtet (das sind praktisch alle Hotels, Bed & Breakfast sowie die Jugendherberge), erhält für die gesamte Dauer seines Aufenthalts ein **Bern Ticket.** Dieses berechtigt zur Benutzung sämtlicher öffentlicher Verkehrsmittel im Stadtgebiet und in den Vororten (einschließlich der Gurtenbahn). Wer kein Bern Ticket hat, muss eine Fahrkarte lösen. Automaten finden sich an jeder Haltestelle, wobei es in manchen Haltestellen nur einen einzigen Automaten gibt, sodass man eventuell die Straßenseite wechseln muss, um ein Ticket zu kaufen. Die Automaten nehmen Münzgeld und Kreditkarten, jedoch keine Scheine an.

Innerhalb der Innenstadt reicht zumeist ein **Kurzstreckenticket** für 2,60 SFr – die Haltestellen im Geltungsbereich der Kurzstrecke sind in jeder Haltestelle am Automaten vermerkt. Wer weiter fährt, kauft ein Ticket für 1–2 Zonen zum Preis von 4,60 SFr. Für 9,20 SFr erhält man eine **Tageskarte,** die sich folglich ab zwei Fahrten in Zone 1–2 schon lohnt.

Wer länger in Bern ist, kann sich auch für eine **Mehrfahrtenkarte** mit 6 Fahrten entscheiden und erhält hierfür 10 Prozent Rabatt im Vergleich zum Einzelfahrpreis.

090be-bt

Bei Mehrfahrtenkarten muss vor Fahrtantritt in den Haltestellen je ein Feld pro Person entwertet werden. Alle anderen Fahrkarten sind ohne Entwertung gültig. Der Verkehrsverbund Libero erstreckt sich auf die gesamte Region Bern einschließlich dem Seeland bei Biel, dem Emmental und Solothurn. Wer Ausflüge in diese Gegenden plant, benötigt für die gesamte Anreise nur ein einziges Verbundticket, mit dem er dann alle Verkehrsmittel bis zum Ziel benutzen darf.

Wetter und Reisezeit

Die beste Reisezeit für Bern sind die Monate **Mai bis August.** Dank der nahen Alpen wird es auch im Hochsommer nicht allzu heiß. Zudem lockt die Möglichkeit, in den Sommermonaten in der Aare schwimmen zu können – ein wohl einzigartiges Vergnügen in einer Stadt dieser Größe (s. S. 117). Von September bis April hängt oft bis Mittags Nebel über der Stadt. Freunde von Straßenfesten kommen im November beim Zibelemärit (s. S. 90) auf ihre Kosten. Im Winter liegt häufig Schnee, was den ohnehin schon stimmungsvollen Winkeln der Altstadt ein ganz besonderes Flair verleiht.

In der Weihnachtszeit ist Bern ein besonders attraktives Reiseziel

Omnipräsent im Stadtbild: der bergauf marschierende Bär, der das Berner Wappen ziert

Durchschnitt	Wetter in Bern											
Maximale Temperatur	3°	5°	10°	13°	18°	22°	24°	24°	19°	14°	7°	4°
Minimale Temperatur	-4°	-3°	0°	3°	7°	11°	13°	12°	9°	5°	0°	-2°
Regentage	10	9	11	10	13	11	11	11	9	10	10	10
	Jan	Febr	März	Apr	Mai	Juni	Juli	Aug	Sept	Okt	Nov	Dez

ANHANG

067be-gk

Register

A

B

C

D

E

F

G

Bern mit PC, Smartphone & Co.

QR-Code auf dem Umschlag scannen oder **www.reise-know-how.de/citytrip/bern23** eingeben und die **kostenlose Web-App** aufrufen (Internetverbindung zur Nutzung nötig)!

- ★ **Anzeige der Lage und Satellitenansicht aller** beschriebenen Sehenswürdigkeiten und touristisch wichtigen Orte
- ★ **Routenführung** vom aktuellen Standort zum gewünschten Ziel
- ★ **Exakter Verlauf** des empfohlenen Stadtspaziergangs
- ★ **Audiotrainer** der wichtigsten Wörter und Redewendungen
- ★ **Updates** nach Redaktionsschluss

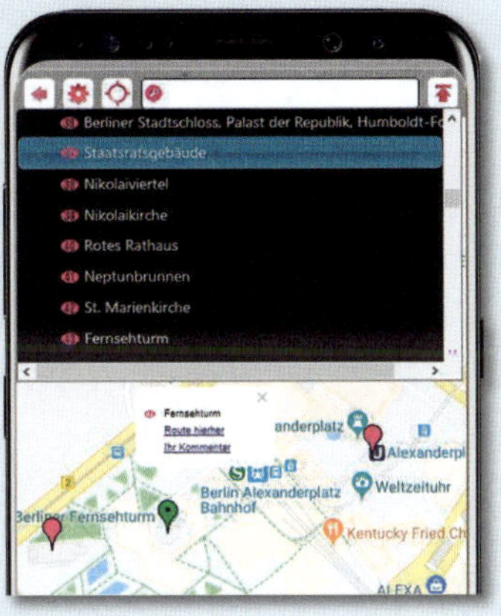

GPS-Daten zum Download

Die GPS-Daten aller Ortsmarken und des Spaziergangs stehen auf der Produktseite des Titels auf www.reise-know-how.de zum Download zur Verfügung.

Stadtplan für mobile Geräte

Um den Stadtplan auf Smartphones und Tablets nutzen zu können, empfehlen wir die App „Avenza Maps" der Firma Avenza™. Über die Funktion „Store" kann die „Citymap Bern 2023" kostenlos geladen werden.

Unsere App-Empfehlungen zu Bern

- **Wege zu Klee:** Toller Audioguide zu verschiedenen Berner Schauplätzen, die im Leben Paul Klees eine Rolle gespielt haben. Endpunkt des Spaziergangs ist natürlich das Zentrum Paul Klee (kostenlos für Android und iOS).
- **ÖV Bern:** Fahrpläne für sämtliche öffentliche Verkehrsmittel, auch über das Stadtgebiet hinaus (kostenlos für Android und iOS)
- **SchweizMobil:** Umfassender Katalog von Tourenvorschlägen für Wanderer, Radler, Mountainbiker, Skater und Kanuten. Dazu ÖPNV-Fahrpläne, Karten und spezielle Hinweise auf barrierefreie Touren (kostenlos für Android und iOS).
- **Wanderplaner:** Wandervorschläge, Karten, aktuelle Wegezustandsdaten und alle weiteren Infos des Vereins Berner Wanderwege (kostenlos für Android und iOS)

Zugspitze; Foto: Aneta Niemitz

Impressum

Gergely Kispál

CityTrip Bern

© Reise Know-How Verlag
Peter Rump GmbH
3., neu bearbeitete und aktualisierte Auflage 2023

ISBN 978-3-8317-3675-1

Druck und Bindung:
mediaprint solutions GmbH, Paderborn

Herausgeber: Klaus Werner
Layout: amundo media GmbH (Umschlag, Inhalt), Peter Rump (Umschlag)
Lektorat: amundo media GmbH
Karten: Ingenieurbüro K. Wendler, amundo media GmbH
Anzeigenvertrieb: KV Kommunalverlag GmbH & Co. KG, Alte Landstraße 23, 85521 Ottobrunn, Tel. 089 928096-0, info@kommunal-verlag.de
Kontakt: Osnabrücker Str. 79, 33649 Bielefeld, info@reise-know-how.de

Bildnachweis

Umschlagvorderseite: © 4kclips, stock.adobe.com | Umschlagrückseite und Umschlagklappe rechts: Bern Tourismus
Soweit ihre Namen nicht vollständig am Bild vermerkt sind, stehen die Kürzel an den Abbildungen für die folgenden Fotografen, Firmen und Einrichtungen. Gergely Kispál: gk | Bern Tourismus: bt

Liste der Karteneinträge

074be-bt

Zur Fasnacht (s. S. 89) ziehen bunt gekleidete Narren durch die Berner Altstadtgassen

179 [D5] Amavita Apotheke S. 114
180 [D4] Bahnhof Apotheke S. 114
181 [di] Seilpark Bern S. 114
182 [cj] Tierpark Dählhölzli S. 114
183 [E4] Polizeistation S. 115
184 [D4] Polizeistation im Bahnhof S. 115
185 [E4] Fundbüro der Stadtverwaltung S. 116
186 [D5] Fundbüro ÖPNV S. 116
187 [D4] Fundbüro SBB S. 116
188 [C5] Post (1) S. 116
189 [F5] Post (2) S. 116
190 [G5] Post (3) S. 116
191 [D5] PubliBike S. 117
192 [D4] SBB/ Rent a bike S. 117
193 [D1] Lorrainebad S. 118
194 [E6] Marzilibad S. 118
195 [dj] Strandbad Eichholz S. 119
196 [C4] Am Pavillon S. 122
197 [G7] Apartments Justingerweg S. 122
198 [G7] Artistshouse S. 123
199 [G7] Beauvilla S. 123
200 [G4] Belle Epoque S. 123
201 [A2] Casita S. 123
202 [F5] Glocke S. 123
203 [F5] Goldener Schlüssel S. 123
204 [cg] Innere Enge S. 123
205 [E5] Jugendherberge Bern S. 124
206 [H4] Landhaus S. 124
207 [E4] Metropole S. 124
208 [C5] National S. 124
209 [H3] Prizeotel S. 124
210 [G4] Stürlerhaus S. 124

Zeichenerklärung

11 Hauptsehenswürdigkeit, fortlaufend nummeriert
[H8] Verweis auf Planquadrat

Arzt, Apotheke, Krankenhaus
Bar, Bistro, Treffpunkt
Bibliothek
Café, Eiscafé
Denkmal
Geschäft, Kaufhaus, Markt
Hotel, Unterkunft
Imbiss
Informationsstelle
Jugendherberge
Kirche
Moschee
Museum
Musikszene, Disco
Parkplatz, Parkhaus
Pension, Bed & Breakfast
Polizei
Post
Sonstiges
Restaurant
Schwimmbad
Sehenswürdigkeit
Synagoge
Theater
Tram-Halt

Stadtspaziergang (s. S. 11)
Shoppingareale
Gastro- und Nightlife-Areale

Hier nicht aufgeführte Nummern liegen außerhalb der abgebildeten Karten. Ihre Lage kann aber wie die von allen Ortsmarken im Buch mithilfe der Web-App angezeigt werden (s. S. 133).

1 cm = 5,5 km

10 km

Der hier abgebildete Kartenausschnitt entstammt der **Landkarte „Alpen“** (world mapping project™) im Maßstab 1 : 550.000.

Bern
Burgdorf
Thun
Spiez
Interlaken
Solothurn
Olten
Aarau
Langenthal
Zofingen
Langnau i. E.
Grindelwald
Thuner See
Brienzer See
Emmental
Jungfraujoch
Mönch 4109
Napf 1408
Hohgant
Brienz
Sursee
Biberist
Zollikofen
Münsingen
Steffisburg
Wimmis
Frutigen
Kandergrund
Mürren
Lauterbrunnen
Wengen
Schreckhorn 4078

Liniennetz Bern